Le roman de Renart

Illustrations d'Étienne Delessert

Gallimard

Etienne Delessert est un des grands illustrateurs de ce temps, à la fois peintre, poète, graphiste, créateur de dessins animés. Né en 1941, il a travaillé à Paris, à New York, avant de retourner à Lausanne, sa ville natale.

Il a illustré de nombreux livres pour les enfants, parmi lesquels *Conte numéro* 1 et *Conte numéro* 2 d'Eugène Ionesco, *Just so stories* de Rudyard Kipling, *Thomas et l'infini* de Michel Déon qui a obtenu le Prix européen de littérature pour la jeunesse en 1976, et tout récemment les fables écologiques *La Souris et les papillons, La Souris et les poisons, La Souris et le bruit* et *Il était une fois la Souris...* d'Anne van der Essen. En 1975, le musée des Arts décoratifs de Paris a consacré une importante exposition à l'ensemble de son œuvre.

Il n'existe pas à proprement parler de Roman de Renart, au sens où l'on entend aujourd'hui ce mot. Le Roman de Renart *n'a jamais été une œuvre unique et cohérente, due à un seul auteur, mais une série de contes ou « branches » où le goupil jouait le rôle principal. La plus ancienne de ces branches, composée par un poète du nom de Pierre de Saint-Cloud, date du début du XII*e *siècle. Elle retrace la « grande guerre » qui opposa Renart à son compère, le loup Ysengrin. Elle connut un immense succès et suscita très vite de nombreuses imitations et additions. Dès la première moitié du XII*e *siècle, une quinzaine de branches s'ajoutent à celle de Pierre de Saint-Cloud, certaines composées par des poètes dont les noms ou les prénoms nous sont restés, d'autres par des anonymes. Cette vogue de Renart dura jusqu'au XIII*e *siècle où le poète Rutebeuf et d'autres moins connus composèrent de longs poèmes à la gloire du goupil. C'est dire qu'il est possible de présenter* *sous le titre de* Roman de Renart *des choix nombreux et assez différents.*

Le texte de la présente édition est celui qu'a établi, choisi et traduit en français moderne Paulin Paris dans sa première édition de l'œuvre, parue en 1861. Il groupe les branches les plus anciennes, ainsi que quelques épisodes extraits de branches plus tardives. Il présente, de l'avis de l'éditeur, l'avantage d'offrir un texte sûr en même temps qu'un choix à la fois complet (puisqu'il comprend aussi les « suites » tardives du Roman) *et fidèle à l'esprit de l'œuvre.*

Les auteurs des branches les plus anciennes (Pierre de Saint-Cloud et ses continuateurs) s'étaient contentés de relater les exploits de Renart et les mésaventures d'Ysengrin sans leur donner de conclusion définitive. Le récit prenait fin sur la scène où l'on voit Renart violer Hersent, la femme d'Ysengrin, sous les propres yeux de celui-ci. Les auteurs postérieurs — dont un anonyme, auteur de la branche I — reprirent le récit en faisant comparaître Renart devant toute l'assemblée des animaux pour y être jugé de son crime. Ce qui explique la présente division du Roman *en deux livres. Moins anecdotique que la première, plus engagée dans les coutumes de son temps, la seconde partie — en décrivant le procès et la condamnation de Renart — nous plonge au cœur de la vie féodale française au XII*^e^ *siècle, une vie dont, sans le* Roman, *on eût difficilement imaginé la liberté d'esprit à l'égard de la religion, de l'amour, de la guerre. C'est tout un monde, négligé par les genres littéraires traditionnels de l'époque, qui apparaît ici, et dont Paulin Paris avait raison de dire qu'il est « la Comédie d'un théâtre dont les chansons de geste auraient été la Tragédie ». Ainsi, par le choix comme par le nombre des variantes insérées par Paulin Paris, le lecteur disposera de plusieurs livres en un seul, qui lui révéleront la richesse, la verve, l'esprit critique et parodique d'une époque dont les audaces de pensée et de langage n'ont guère été dépassées.*

J. L.

Je dois avertir mes lecteurs que j'ai conservé dans ce livre un petit nombre de mots vieillis, dont le Dictionnaire de l'Académie *ne me donnait plus le parfait équivalent. Je ne crois pas avoir abusé de cette liberté : mais comment raconter les aventures de damp Renart sans nommer les* bacons, *ces quartiers de porc frais ou salé qui tenaient une si grande place sur la table de nos pères ? Nos* jambonneaux, *nos* jambons *eux-mêmes, n'en sont qu'un méprisable diminutif.*

Au lieu du joli mot de geline, *on dit aujourd'hui* poule : *passe encore pour* poulette, *au lieu de* gelinotte ; *mais le gelinier étant le théâtre assez ordinaire des hauts faits de Renart, j'aurais craint de trop avilir mon héros en le montrant si souvent dans le poulailler.*

J'ai laissé ces anciennes façons de parler, être en bon *ou* en mauvais point, *parce que de là nous avons formé notre* embonpoint ; *de même* l'aguet appensé, *qui nous a laissé guet-apens. On a perdu* defermer *qui était un mot bien fait, je l'ai gardé.* — Etre séjourné, *c'est-à-dire reposé comme ceux qui sont restés plusieurs jours sans sortir.*

Le fau, *du latin* fagus, *n'est pas oublié en province ; il l'est à Paris, où l'on ne connaît guère le* hêtre *que par les traductions de Virgile et les romances pastorales.*

On verra le chien Rooniaus désigné comme justice *dans le procès de Renart. C'est encore en Angleterre aujourd'hui le juge ou le président d'un tribunal. Le* plaid *est l'instruction et la décision de la cour. Il y a lieu de croire que le mot tant reproché aux ordonnances de nos rois :* tel est notre plaisir, *était la traduction consacrée du* tale placitum *de l'ancienne cour du roi.*

Les montres *étaient les revues de* l'ost *ou armée que l'on passait pour compter ceux qui avaient droit aux* soudées *ou* soldes *du mois ou de l'année.*

Le graile *était un instrument sonore en cuivre de l'espèce des cors et trompes.*

La rotruenge *était un air à refrain ou ritournelle.*

Les grenons *étaient nos moustaches d'aujourd'hui, et les* barbes *du renard ou du chat.*

Les brachets *étaient de petits chiens courants ; les* gaignons, *des chiens de garde, dogues ou mâtins.*

Dans une ferme il y avait le plessis, *dépendance immédiate du domaine, et le* courtil, *ordinairement fermé de haies ou de murs.*

Enfin le moutier *était l'église plutôt que le monastère ; et le* prouvère *(presbyter), le curé du moutier.*

P. P.

... les animaux sauvages...

Où l'on voit comment le goupil et le loup vinrent au monde, et pourquoi le premier s'appellera Renart, le second Ysengrin.

Seigneurs, vous avez assurément entendu conter bien des histoires : on vous a dit de Pâris comment il ravit Hélène, et de Tristan comme il fit le lai du Chèvrefeuil ; vous savez le dit du Lin et de la Brebis, nombre de fables et chansons de geste : mais vous ne connaissez pas la grande guerre, qui ne finira jamais, de Renart et de son compère Ysengrin. Si vous voulez, je vous dirai comment la querelle prit naissance et, avant tout, comment vinrent au monde les deux barons.

Un jour, j'ouvris une armoire secrète, et j'eus le bonheur d'y trouver un livre qui traitait de la chasse. Une grande lettre vermeille arrêta mes yeux ; c'était le commencement de la vie de Renart. Si je ne l'avais pas lue, j'aurais pris pour un homme ivre celui qui me l'eût contée ; mais on doit du respect à l'écriture et, vous le savez, celui qui n'a pas confiance aux livres est en danger de mauvaise fin.

Le livre nous dit donc que le bon Dieu, après

avoir puni nos premiers parents comme ils le méritaient, et dès qu'ils furent chassés du Paradis, eut pitié de leur sort. Il mit une baguette entre les mains d'Adam et lui dit que, pour obtenir ce qui lui conviendrait le mieux, il suffisait d'en frapper la mer. Adam ne tarda pas à faire l'épreuve : il étendit la baguette sur la grande eau salée ; soudain, il en vit sortir une brebis. « Voilà, se dit-il, qui est bien ; la brebis restera près de nous, nous en aurons de la laine, des fromages et du lait. »

Eve à l'aspect de la brebis, souhaita quelque chose de mieux. « Deux brebis, pensa-t-elle, vaudront mieux qu'une. » Elle pria donc son époux de la laisser frapper à son tour. Adam (nous le savons pour notre malheur) ne pouvait rien refuser à sa femme : Eve reçut de lui la baguette et l'étendit sur les flots ; aussitôt parut un méchant animal, un loup, qui, s'élançant sur la brebis, l'emporta vers la forêt voisine. Aux cris douloureux d'Eve, Adam reprit la baguette : il frappe ; un chien s'élance à la poursuite du loup, puis revient, ramenant la brebis déjà sanglante.

Grande alors fut la joie de nos premiers parents. Chien et brebis, dit le livre, ne peuvent vivre sans la compagnie de l'homme. Et toutes les fois qu'Adam et Eve firent usage de la baguette, de nouveaux animaux sortirent de la mer : mais avec cette différence qu'Adam faisait naître les bêtes apprivoisées, Eve les animaux sauvages qui tous, comme le loup, prenaient le chemin des bois.

Au nombre des derniers se trouva le goupil, au poil roux, au naturel malfaisant, à l'intelligence assez subtile pour décevoir toutes les bêtes du monde. Le goupil ressemblait singulièrement à ce maître passé dans tous les genres de fourberies, qu'on appelait Renart, et qui donne encore aujourd'hui son nom à tous ceux qui font leur étude de tromper et mentir. Renart est aux hommes ce que le goupil est aux bêtes : ils sont de la même nature ; mêmes inclinations, mêmes habitudes ; ils peuvent donc prendre le nom l'un de l'autre.

Or Renart avait pour oncle sire Ysengrin, homme de sang et de violence, patron de tous ceux qui vivent de meurtre et de rapine. Voilà pourquoi, dans nos récits, le nom du loup va se confondre avec celui d'Ysengrin.

Dame Hersent, digne épouse du larron Ysengrin, cœur rempli de félonie, visage rude et couperosé, sera, par une raison pareille, la marraine de la louve. L'une fut insatiable autant que l'autre est gloutonne : mêmes dispositions, même caractère ; filles, par conséquent, de la même mère. Il faut pourtant l'avouer : il n'y a pas eu de parenté véritable entre le loup et le goupil : seulement, quand ils se visitaient et qu'il y avait entre eux communauté d'intérêts et d'entreprises, le loup traitait souvent le goupil de beau neveu ; l'autre le nommait son oncle et son compère. Quant à la femme de Renart, dame Richeut, on peut dire qu'elle ne cède pas en fourbe à la goupille, et que si l'une est chatte, l'autre est mitte. Jamais on ne vit deux couples mieux assortis ; même penchant à la ruse dans Renart et dans le goupil ; même rapacité dans la goupille et dans Richeut.

Et maintenant, Seigneurs, que vous connaissez Ysengrin le loup et Renart le goupil, n'allez pas vous émerveiller de voir ici parler le goupil et le loup, comme pouvaient le faire Ysengrin et Renart : les bons frères qui demeurent à notre porte racontent que la même chose arriva jadis à l'ânesse d'un prophète que j'ai entendu nommer Balaam. Le roi Balaac lui avait fait promettre de maudire les enfants d'Israël ; Notre Seigneur, qui ne le voulut souffrir, plaça devant l'ânesse son ange armé d'un glaive étincelant. Balaam eut beau frapper la pauvre bête, le fouet, le licou, les talons n'y faisaient rien ; enfin, l'ânesse, avec la permission de Dieu, se mit à dire : « Laissez-moi, Balaam, ne me frappez pas ; ne voyez-vous pas Dieu qui m'empêche d'avancer ? » Assurément, Dieu peut, et vous n'en doutez pas, donner également la parole à toutes les autres bêtes ; il ferait même plus encore : il déciderait un usurier à ouvrir par charité son escarcelle. Cela bien entendu, écoutez tout ce que je sais de la vie de Renart et d'Ysengrin.

Aventure première :
Comment Renart emporta de nuit les bacons d'Ysengrin.

Renart, un matin, entra chez son oncle, les yeux troubles, la pelisse hérissée. « Qu'est-ce, beau neveu ? tu parais en mauvais point, dit le maître du logis ; serais-tu malade ? — Oui ; je ne me sens pas bien. — Tu n'as pas déjeuné ? — Non, et même je n'en ai pas envie. — Allons donc ! Çà, dame Hersent, levez-vous tout de suite, préparez à ce cher neveu une brochette de rognons et de rate ; il ne la refusera pas. »

Hersent quitte le lit et se dispose à obéir. Mais Renart attendait mieux de son oncle ; il voyait trois beaux bacons suspendus au faîte de la salle, et c'est leur fumet qui l'avait attiré. « Voilà, dit-il, des bacons bien aventurés ! savez-vous, bel oncle, que si l'un de vos voisins (n'importe lequel, ils se valent tous) les apercevait, il en voudrait sa part ? A votre place, je ne perdrais pas un moment pour les détacher, et je dirais bien haut qu'on me les a volés. — Bah ! fit Ysengrin, je n'en suis pas inquiet ; et tel peut les voir qui n'en saura jamais le goût. — Comment ! si l'on vous en demandait ?

— Il n'y a demande qui tienne ; je n'en donnerais pas à mon neveu, à mon frère, à qui que ce soit au monde. »

Renart n'insista pas ; il mangea ses rognons et prit congé. Mais, le surlendemain, il revint à la nuit fermée devant la maison d'Ysengrin. Tout le monde y dormait. Il monte sur le faîte, creuse et ménage une ouverture, passe, arrive aux bacons, les emporte, revient chez lui, les coupe en morceaux et les cache dans la paille de son lit.

Cependant le jour arrive ; Ysengrin ouvre les yeux : Qu'est cela ? le toit ouvert, les bacons, ses chers bacons enlevés ! « Au secours ! au voleur ! Hersent ! Hersent ! nous sommes perdus ! » Hersent, réveillée en sursaut, se lève échevelée : « Qu'y a-t-il ? Oh ! quelle aventure ! Nous, dépouillés par les voleurs ! A qui nous plaindre ! » Ils crient à qui mieux mieux, mais ils ne savent qui accuser ; ils se perdent en vains efforts pour deviner l'auteur d'un pareil attentat. Renart cependant arrive : il avait bien mangé, il avait le visage reposé, satisfait. « Eh ! bel oncle, qu'avez-vous ? vous me paraissez en mauvais point ; seriez-vous malade ? — Je n'en aurais que trop sujet ; nos trois beaux bacons, tu sais ? on me les a pris ! — Ah ! répond en riant Renart, c'est bien cela ! oui, voilà comme il faut dire : on vous les a pris. Bien, très bien ! mais, oncle, ce n'est pas tout, il faut le crier dans la rue, que vos voisins n'en puissent douter. — Eh ! je te dis la vérité ; on m'a volé mes bacons, mes beaux bacons. — Allons !

reprend Renart, ce n'est pas à moi qu'il faut dire cela : tel se plaint, je le sais, qui n'a pas le moindre mal. Vos bacons, vous les avez mis à l'abri des allants et venants, vous avez bien fait, je vous approuve fort. — Comment ! mauvais plaisant, tu ne veux pas m'entendre ? je te dis qu'on m'a volé mes bacons. — Dites, dites toujours. — Cela n'est pas bien, fait alors dame Hersent, de ne pas nous croire. Si nous les avions, ce serait pour nous un plaisir de les partager, vous le savez bien. — Je sais que vous connaissez les bons tours. Pourtant ici tout n'est pas profit : voilà votre maison trouée ; il le fallait, j'en suis d'accord, mais cela demandera de grandes réparations. C'est par là que les voleurs sont entrés, n'est-ce pas ? c'est par là qu'ils se sont enfuis ? — Oui, c'est la vérité. — Vous ne sauriez pas dire autre chose. — Malheur en tout cas, dit Ysengrin, roulant des yeux, à qui m'a pris mes bacons, si je viens à le découvrir ! » Renart ne répondit plus ; il fit une belle moue, et s'éloigna en ricanant sous cape. Telle fut la première aventure, les *Enfances* de Renart. Plus tard il fit mieux, pour le malheur de tous, et surtout de son cher compère Ysengrin.

Deuxième aventure :

Comment Renart entra dans la ferme de Constant Desnois ; comment il emporta Chantecler et comment il ne le mangea pas.

Puis, un autre jour, il arrive à Renart de se présenter devant un village au milieu des bois, fort abondamment peuplé de coqs, gelines, jars, oisons et canards. Dans le plessis, messire Constant Desnois, un vilain fort à l'aise, avait sa maison abondamment garnie des meilleures provisions, de viandes fraîches et salées. D'un côté, des pommes et des poires ; de l'autre le parc aux bestiaux, formé d'une enceinte de pieux de chêne recouverts d'aubépins touffus. C'est là que Constant Desnois tenait ses gelines à l'abri de toute surprise. Renart, entré dans le plessis, s'approche doucement de la clôture. Mais les épines entrelacées ne lui permettent pas de franchir la palissade. Il entrevoit les gelines, il suit leurs mouvements, mais il ne sait comment les joindre. S'il quitte l'endroit où il se tenait accroupi, et si même il ose tenter de bondir au-dessus de la barrière, il sera vu sans aucun doute, et pendant que les gelines se jetteront dans les épines, on lui donnera la chasse, on le happera, il n'aura pas le temps d'ôter une plume au moindre poussin. Il a beau se battre les flancs et, pour attirer les gelines, baisser le cou, agiter le bout de sa queue, rien ne lui réussit.

Enfin, dans la clôture, il avise un pieu rompu qui lui promet une entrée facile : il s'élance et tombe dans une plate-bande de choux que le vilain avait ménagée. Mais le bruit de sa chute avait donné l'éveil à la volatile ; les gelines effrayées se sauvent vers les bâtiments. Ce n'était pas le compte de Renart. D'un autre côté, Chantecler le coq revenait d'une reconnaissance dans la haie ; il voit fuir ses vassales, et ne comprenant rien à leur effroi, il les rejoint la plume abaissée, le col tendu. Alors, d'un ton de reproche et de mécontentement : « Pourquoi cette presse à regagner la maison ? Etes-vous folles ? » Pinte, la meilleure tête de la troupe, celle qui pond les plus gros œufs, se charge de la réponse : « C'est que nous avons eu bien peur. — Et de quoi ? Est-ce au moins de quelque chose ? — Oui. — Voyons. — C'est d'une bête des bois qui pouvait nous mettre en mauvais point. — Allons ! dit le coq, ce n'est rien apparemment ; restez, je réponds de tout. — Oh ! tenez, cria Pinte, je viens encore de l'apercevoir. — Vous ? — Oui ; au moins ai-je vu remuer la haie et trembler les feuilles de chou sous lesquelles il se tient caché. — Taisez-vous, sotte que vous êtes, dit fièrement Chantecler, comment un goupil, un putois même pourrait-il entrer ici : la haie n'est-elle pas trop serrée ? Dormez tranquilles ; après tout, je suis là pour vous défendre. »

Chantecler dit, et s'en va gratter un fumier qui semblait l'intéresser vivement. Cependant, les paroles de Pinte lui revenaient, et sans savoir ce qui lui pendait à l'œil, il affectait une tranquillité qu'il n'avait pas. Il monte sur la pointe d'un toit, là, un œil ouvert et l'autre clos, un pied crochu et l'autre droit, il observe et regarde çà et là par intervalles, jusqu'à ce que, las de veiller et de chanter, il se laisse involontairement aller au sommeil. Alors il est visité par un songe étrange : il croit voir un objet qui de la cour s'avance vers lui, et lui cause un frisson mortel. Cet objet présentait une pelisse rouge engoulée ou bordée de petites pointes blanches ; il endossait la pelisse fort étroite d'entrée, et, ce qu'il ne comprenait pas, il la revêtait par le collet, si bien qu'en y entrant, il allait donner de la tête vers la naissance de la queue. D'ailleurs, la pelisse avait la fourrure en dehors, ce qui était tout à fait contre l'usage des pelisses.

Chantecler épouvanté tressaille et se réveille : « Saint-Esprit ! dit-il en se signant, défends mon corps de mort et de prison ! » Il saute en bas du toit et va rejoindre les poules dispersées sous les buissons de la haie. Il demande Pinte, elle arrive. « Ma chère Pinte, je te l'avoue, je suis inquiet à mon tour. — Vous voulez vous railler de nous apparemment, répond la geline ; vous êtes comme le chien qui crie avant que la pierre ne le touche. Voyons, que vous est-il arrivé ? — Je viens de faire un songe étrange, et vous allez m'en dire votre avis. J'ai cru voir arriver à moi je ne sais quelle chose portant une pelisse rousse, bien taillée sans trace de ciseaux. J'étais contraint de m'en affubler ; la

Les gelines effrayées se sauvent vers les bâtiments...

bordure avait la blancheur et la dureté de l'ivoire ; la fourrure était en dehors, on me la passait en sens contraire, et comme j'essayais de m'en débarrasser, je tressaillis et me réveillai. Dites-moi, vous qui êtes sage, ce qu'il faut penser de tout cela.

— Eh bien ! tout cela, dit sérieusement Pinte, n'est que songe, et tout songe, dit-on, est mensonge. Cependant je crois deviner ce que le vôtre peut annoncer. L'objet porteur d'une rousse pelisse n'est autre que le goupil, qui voudra vous en affubler. Dans la bordure semblable à des grains d'ivoire, je reconnais les dents blanches dont vous sentirez la solidité. L'encolure si étroite de la pelisse c'est le gosier de la méchante bête ; par elle passerez-vous et pourrez-vous de votre tête toucher la queue dont la fourrure sera en dehors. Voilà le sens de votre songe ; et tout cela pourra bien vous arriver avant midi. N'attendez donc pas, croyez-moi ; lâchons tous le pied, car, je vous le répète, il est là, là dans ce buisson, épiant le moment de vous happer. »

Mais Chantecler, entièrement réveillé, avait repris sa première confiance. « Pinte, ma mie, dit-il, voilà de vos terreurs, et votre faiblesse ordinaire. Comment pouvez-vous supposer que moi, je me laisse prendre par une bête cachée dans votre parc ! Vous êtes folle en vérité, et bien fou celui qui s'épouvante d'un rêve. — Il en sera donc, dit Pinte, ce que Dieu voudra : mais que je n'aie plus la moindre part à vos bonnes grâces, si le songe que vous m'avez raconté demande une autre explication. — Allons, allons, ma toute belle, dit Chantecler en se rengorgeant, assez de caquet comme cela. » Et de retourner au tas qu'il se plaisait à grattiller. Peu de temps après, le sommeil lui avait de nouveau fermé les yeux.

Or Renart n'avait rien perdu de l'entretien de Chantecler et de Pinte. Il avait vu avec satisfaction la confiance du coq, et quand il le crut bien rendormi, il fit un mouvement, mit doucement un pas devant l'autre, puis s'élança pour le happer d'un seul bond. Mais si doucement ne put-il avancer que Chantecler ne le devinât, et n'eût le temps de faire un saut et d'éviter l'atteinte, en volant de l'autre côté du fumier. Renart voit avec dépit qu'il a manqué son coup ; et maintenant, le moyen de retenir la proie qui lui échappe ? « Ah ! mon Dieu, Chantecler, dit-il de sa voix la plus douce, vous vous éloignez comme si vous aviez peur de votre meilleur ami. De grâce, laissez-moi vous dire combien je suis heureux de vous voir si dispos et si agile. Nous sommes cousins germains, vous savez. »

Chantecler ne répondit pas, soit qu'il restât défiant, soit que le plaisir de s'entendre louer par un parent qu'il avait méconnu lui ôtât la parole. Mais pour montrer qu'il n'avait pas peur, il entonna un brillant sonnet. « Oui, c'est assez bien chanté, dit Renart, mais vous souvient-il du bon Chanteclin qui vous mit au monde ? Ah ! c'est lui qu'il fallait entendre. Jamais personne de sa race n'en approchera. Il avait, je m'en souviens, la voix si haute, si claire, qu'on l'écoutait une lieue à la ronde, et pour prolonger les sons tout d'une haleine, il lui suffisait d'ouvrir la bouche et de fermer les yeux. — Cousin, fait alors Chantecler, vous voulez apparemment railler. — Moi, railler un ami, un parent aussi proche ? Ah ! Chantecler, vous ne le pensez pas. La vérité c'est que je n'aime rien tant que la bonne musique, et je m'y connais. Vous chanteriez bien si vous vouliez ; clignez seulement un peu de l'œil, et commencez un de vos meilleurs airs. — Mais d'abord, dit Chantecler, puis-je me fier à vos paroles ? Eloignez-vous un peu, si vous voulez que je chante : vous jugerez mieux, à distance, de l'étendue de mon fausset. — Soit, dit Renart, en reculant à peine, voyons donc, cousin, si vous êtes réellement fils de mon bon oncle Chanteclin. »

Le coq, un œil ouvert, l'autre fermé, et toujours un peu sur ses gardes, commence alors un grand air. « Franchement, dit Renart, cela n'a rien de vraiment remarquable ; mais Chanteclin, ah ! c'était lui : quelle différence ! Dès qu'il avait fermé les yeux, il prolongeait les traits au point qu'on l'entendait bien au-delà du plessis. Franchement, mon pauvre ami, vous n'en approchez pas. » Ces mots piquèrent assez Chantecler pour lui faire oublier tout, afin de se relever dans l'estime de son cousin : il cligna des yeux, il lança une note qu'il prolongeait à perte d'haleine, quand l'autre, croyant le bon moment venu, s'élance comme une flèche, le saisit au col et se met à la fuite avec sa proie. Pinte, qui le suivait des yeux, pousse alors un cri des plus aigus. « Ah ! Chantecler, je vous l'avais bien dit ; pourquoi ne m'avoir pas crue ! Voilà Renart qui vous emporte. Ah ! pauvre dolente ! Que vais-je devenir, privée de mon époux, de mon seigneur, de tout ce que j'aimais au monde ! »

Cependant au moment où Renart saisissait le pauvre coq, le jour tombait, et la vieille femme, gardienne de l'enclos, ouvrait la porte du gelinier. Elle appelle Pinte, Bise, Roussette ; personne ne répond ; elle lève les yeux, elle voit Renart emportant Chantecler à toutes jambes. « Haro, Haro ! s'écria-t-elle, au Renart, au voleur ! » et les vilains d'accourir de tous côtés. « Qu'y a-t-il ? pourquoi cette clameur ? — Haro ! crie de nouveau la vieille, le goupil emporte mon coq. — Eh ! pourquoi, méchante vieille, dit Constant Desnois, l'avez-vous laissé faire ? — Parce qu'il n'a pas voulu m'attendre. — Il fallait le frapper. — Avec quoi ? — De votre quenouille. — Il courait trop fort ; vos chiens bretons ne l'auraient pas rejoint. — Par où va-t-il ? — De ce côté ; tenez, le voyez-vous là-bas ? »

Renart franchissait alors les haies ; mais les vilains l'entendirent tomber de l'autre côté et tout le monde se mit à sa poursuite. Constant Desnois lâche Mauvoisin, son gros dogue. On retrouve la piste, on l'approche, on va l'atteindre. *Le goupil ! le goupil !* Renart n'en courait que plus vite. « Sire Renart, dit alors le pauvre

Chantecler d'une voix entrecoupée, laisserez-vous ainsi maugréer ces vilains ? A votre place je m'en vengerais, et je les gaberais à mon tour. Quand Constant Desnois dira à ses valets : *Renart l'emporte ;* répondez : *Oui, à votre nez, et malgré vous*. Cela seul les fera taire. » On l'a dit bien souvent ; il n'est sage qui parfois ne follie. Renart, le trompeur universel, fut ici trompé lui-même, et quand il entendit la voix de Constant Desnois, il prit plaisir à lui répondre : « Oui, vilains, je prends votre coq, et malgré vous. » Mais Chantecler, dès qu'il ne sent plus l'étreinte des dents, fait un effort, échappe, bat des ailes, et le voilà sur les hautes branches d'un pommier voisin, tandis que, dépité et surpris, Renart revient sur ses pas et comprend la sottise irréparable qu'il a faite. « Ah ! mon beau cousin, lui dit le coq, voilà le moment de réfléchir sur les changements de fortune. — Maudit soit, dit Renart, la bouche qui s'avise de parler quand elle doit se taire ! — Oui, reprend Chantecler, et la malegoute crève l'œil qui va se fermer quand il devait s'ouvrir plus grand que jamais. Voyez-vous, Renart, fol toujours sera qui de rien vous croira : au diable votre beau cousinage ! J'ai vu le moment où j'allais le payer bien cher ; mais pour vous, je vous engage à jouer des jambes, si pourtant vous tenez à votre pelisse. »

Renart ne s'amusa pas à répondre. Une fourrée le mit à l'abri des chasseurs. Il s'éloigna, l'âme triste et la panse vide, tandis que le coq, longtemps avant le retour des vilains, regagnait joyeusement l'enclos, et rendait par sa présence le calme à tant d'amies que son malheur avait douloureusement affectées.

Le translateur : Il n'y a rien de plus certain au monde que les démêlés de Renart avec le coq et les gelines. Mais on n'est pas d'accord sur toutes les circonstances de la lutte : on varie sur les lieux, sur le nom des victimes et sur plusieurs détails d'une certaine gravité. Je ne me prononce pas ; mais pour vous mettre en état de distinguer de quel côté est la plus grande exactitude, je vais joindre au récit de ce qui s'était passé chez Constant Desnois l'aventure de la ferme de Berton le Maire. C'est, à mon avis, la même affaire différemment racontée, comme cela se voit toujours dès qu'il y a deux historiens plus ou moins oculaires. J'espère que la deuxième relation, apportée par Pierre de Saint-Cloud, vous amusera pour le moins autant que l'autre.

Ecoutez.

Troisième aventure :

Comment Berton le Maire fut trompé par Renart, et comment Renart fut trompé par Noiret.

Pierre, qui vint au monde à Saint-Cloud, cédant au désir de ses amis, a longtemps veillé pour mettre en vers plusieurs joyeux tours de Renart, ce méchant nain dont tant de bonnes âmes ont eu droit de se plaindre. Si l'on veut faire un peu silence, on pourra trouver ici matière à plus d'un bon enseignement.

C'était au mois de mai, temps où monte la fleur sur l'aubépin, où les bois, les prés reverdissent, où les oiseaux disent, nuit et jour, chansons nouvelles. Renart seul n'avait pas toutes ses joies, même dans son château de Maupertuis : il était à la fin de ses ressources ; déjà sa famille, n'ayant plus rien à mettre sous la dent, poussait des cris lamentables, et sa chère Hermeline, nouvellement relevée, était surtout épuisée de besoin. Il se résigna donc à quitter cette retraite ; il partit, en jurant sur les saintes reliques de ne pas revenir sans rapporter au logis d'abondantes provisions. Il entre dans le bois, laissant à gauche la route frayée ; car les chemins n'ont pas été faits pour son usage. Après mille et mille détours, il descend enfin dans la prairie. « Ah ! sainte Marie ! dit-il alors, où trouver jamais lieux plus agréables ! C'est le Paradis terrestre ou peu s'en faut : des eaux, des fleurs, des bois, des monts et des prairies. Heureux qui pourrait vivre ici de sa pleine vie, avec une chasse toujours abondante et facile ! Mais les champs les plus verts, les fleurs les plus odorantes n'empêchent pas ce proverbe d'être vrai : *le besoin fait vieilles trotter.* » Renart, en poussant un long gémissement, se remit à la voie. La faim, qui chasse le loup hors du bois, lui donnait des jambes. Il descend, il monte, il épie de tous côtés si d'aventure quelque oiseau, quelque lapin ne vient pas à sa portée. Un sentier conduisait à la ferme voisine ; Renart le suit, résolu de visiter les lieux à ses risques et périls. Le voilà devant la clôture : mais tout en suivant les détours de haies et de sureaux, il dit une oraison pour que Dieu le garde de malencontre, et lui envoie de quoi rendre la joie à sa femme et à toute sa famille.

Avant d'aller plus loin, il est bon de vous dire que la ferme était au vilain le plus aisé qu'on pût trouver d'ici jusqu'à Troyes (j'entends Troyes la petite, celle où ne régna jamais le roi Priam). La maison tenant au plessis était abondamment pourvue de tout ce qu'il est possible de désirer à la campagne : bœufs et vaches, brebis et moutons ; des gelines, des chapons, des œufs, du fromage et du lait. Heureux Renart, s'il peut trouver le moyen d'y entrer ! Mais c'était là le difficile. La maison, la cour et les jardins, tout était fermé de pieux longs, aigus et solides, protégés eux-mêmes par un fossé rempli d'eau. Je n'ai pas besoin d'ajouter que les jardins étaient ombragés d'arbres chargés des plus beaux fruits ; ce n'était pas là ce qui éveillait l'attention de Renart.

Le vilain avait nom Bertrand ou Berton le Maire ; homme assez peu subtil, très avare et surtout désireux d'accroître sa chevance. Plutôt que de manger une de ses gelines, il eût laissé couper ses grenons, et jamais aucun de ses nombreux chapons n'avait couru le danger d'entrer dans sa marmite. Mais il en envoyait chaque semaine un certain nombre au marché. Pour Renart, il avait des idées toutes différentes sur le bon usage des chapons et des gelines ; et s'il entre dans la ferme, on peut être sûr qu'il voudra juger par lui-même du goût plus ou moins exquis de ces belles pensionnaires.

De bonheur pour lui, Berton était, ce jour-là, seul à la maison. Sa femme venait de partir pour aller vendre son fil à la ville, et les garçons étaient dispersés dans les champs, chacun à son ouvrage. Renart, parvenu au pied des haies par un étroit sentier qui séparait deux blés, aperçut tout d'abord, en plein soleil, nombre chapons, et Noiret tout au milieu, clignant les yeux d'un air indolent, tandis que, près de lui, gelines et poussins grattaient à qui mieux mieux la paille amassée derrière un buisson d'épines. Quel irritant aiguillon pour la faim qui le tourmentait ! Mais ici l'adresse et l'invention servaient de peu : il va, vient, fait et refait le tour des haies, nulle part la moindre trouée. A la fin, cependant, il remarque un pieu moins solidement tenu et comme pourri de vieillesse, près d'un sillon qui servait à l'écoulement des eaux grossies par les pluies d'orage. Il s'élance, franchit le ruisseau, se coule dans la haie, s'arrête, et déjà ses barbes frissonnent de plaisir à l'idée de la chair savoureuse d'un gros chapon qu'il avise. Immobile, aplati sous une tige épineuse, il guette le moment, il écoute. Cependant Noiret, dans toutes les joies de la confiance, se carre dans le jardin, appelle ses gelines, les flatte ou les gourmande, et se rapprochant de l'endroit où Renart se tient caché, il y commence à gratteler. Tout à coup Renart paraît et s'élance ; il croit le saisir, mais il manque son coup. Noiret se jette vivement de côté, vole, saute et court en poussant des cris de détresse. Berton l'entend ; il sort du logis, cherche d'où vient le tumulte, et reconnaît bientôt le goupil à la poursuite de son coq. « Ah ! c'est vous, maître larron ! vous allez avoir affaire à moi. »

Il rentre alors à la maison, pour prendre non pas une arme tranchante (il sait qu'un vilain n'a pas droit d'en faire usage contre une bête sauvage), mais un filet enfumé, tressé je crois par le diable, tant le réseau en était habilement travaillé. C'est ainsi qu'il compte prendre le malfaiteur. Renart voit le danger et se blottit sous une grosse tête de chou. Berton, qui n'avait chassé ni volé de sa vie, se contente d'étendre les rets en travers sur la plate-bande, en criant le plus haut qu'il peut, pour mieux effrayer Renart : « Ah ! le voleur, ah ! le glouton ! nous le tenons enfin ! » Et ce disant, il frappait d'un bâton sur les choux, si bien que Renart, ainsi traqué, prend le parti de sauter d'un grand élan ; mais où ? en plein filet. Sa position devient de plus en plus mauvaise : le réseau le serre, l'enveloppe ; il est pris par les pieds, par le ventre, par le cou. Plus il se démène, plus il s'enlace et s'entortille. Le vilain jouit de son supplice : « Ah ! Renart, ton jugement est rendu, te voilà condamné sans rémission. » Et pour commencer la justice, Berton lève le pied qu'il vient poser sur la gorge du prisonnier. Renart prend son temps ; il saisit le talon, serre les dents, et les cris aigus de Berton lui servent de première vengeance. La douleur de la morsure fut même assez grande pour faire tomber le vilain sans connaissance ; mais, revenu bientôt à lui, il fait de grands efforts pour se dégager ; il lève les poings, frappe sur le dos, les oreilles et le cou de Renart qui se défend comme il peut, sans pour cela desserrer les dents. Il fait plus : d'un mouvement habile, il arrête au passage la main droite de Berton, qu'il réunit au talon déjà conquis. Pauvre Berton, que venais-tu faire contre Renart ! Pourquoi ne pas lui avoir laissé coq, chapons et gelines ! N'était-ce pas assez de l'avoir pris au filet ? *Tant gratte la chèvre que mal gist,* c'est un sage proverbe dont tu aurais bien dû te souvenir plus tôt.

Ainsi devenu maître du talon et du pied, Renart change de gamme, et prenant les airs vainqueurs : « Par la foi que j'ai donnée à ma mie, tu es un vilain mort. Ne compte pas te racheter ; je n'en prendrais pas le trésor de l'empereur ! tu es là mieux enfermé que Charlemagne ne l'était dans Lançon. »

Rien ne peut alors se comparer à l'effroi, au désespoir du vilain. Il pleure des yeux, il soupire du cœur, il crie merci du ton le plus pitoyable. « Ah ! pitié, sire Renart, pitié au nom de Dieu ! Ordonnez, dites ce que vous attendez de moi, j'obéirai ; voulez-vous me recevoir pour votre homme, le reste de ma vie ? Voulez-vous... — Non, vilain, je ne veux rien : tout à l'heure tu m'accablais d'injures, tu jurais de n'avoir de moi merci : c'est mon tour à présent ; par saint Paul c'est toi dont on va faire justice, méchant larron ! je te tiens et je te garde, j'en prends à témoin saint Julien, qui te punira de m'avoir si mal hostelé. — Monseigneur Renart, reprend le vilain en sanglotant, soyez envers moi miséricordieux : ne me faites pas du pis que vous pourriez. Je le sais, j'ai mépris envers vous, je m'en accuse humblement. Décidez de l'amende et je l'acquitterai. Recevez-moi comme votre homme, comme votre serf ; prenez ma femme et tout ce qui m'appartient. La composition n'en vaut-elle la peine ? Dans mon logis, vous trouverez tout à souhait, tout est à vous : je n'aurai jamais pièce dont vous ne receviez la dîme ; n'est-ce rien que d'avoir à son service un homme qui peut disposer de tant de choses ! »

Il faut le dire ici, à l'éloge de damp Renart, quand il entendit le vilain prier et pleurer pour avoir voulu défendre son coq, il se sentit ému d'une douce pitié. « Allons, vilain, lui dit-il, tais-toi, ne pleure plus. Cette fois on pourra te pardonner ; mais que jamais tu n'y reviennes, car alors je ne veux revoir ni ma femme ni mes enfants si tu échappes à ma justice. Avant de retirer ta main et ton pied, tu vas prendre l'engagement de ne rien faire jamais contre moi. Puis, aussitôt lâché, tu feras acte d'hommage et mettras en abandon tout ce que tu possèdes. — Je m'y accorde de grand cœur, dit le vilain, et le Saint-Esprit me soit garant que je serai trouvé loyal en toute occasion. » Berton parlait sincèrement ; car au fond, malgré son avarice, il était prudhomme ; on pouvait croire en lui comme en un prêtre. « J'ai, lui dit Renart, confiance en toi ; je sais que tu as renom de prudhommie. » Il lui rend alors la liberté, et le premier usage que Berton en fait, c'est de se jeter aux genoux de Renart, d'arroser sa pelisse de ses larmes, d'étendre la main délivrée vers le moutier le plus voisin, en prononçant le serment de l'hommage dans la forme accoutumée.

« Maintenant, dit Renart, et avant tout, débarrasse-moi de ton odieux filet. » Le vilain obéit, Renart est redevenu libre.

« Puisque tu es désormais tenu de faire mon beau vouloir, je vais sur-le-champ te mettre à l'épreuve. Tu sais ce beau Noiret que j'ai guetté toute la journée, il faut que tu me l'apportes ; je mets à ce prix mon amitié pour toi et ton affranchissement de l'hommage que tu as prononcé. — Ah ! monseigneur, répondit Berton, pourquoi ne demandez-vous pas mieux ? Mon coq est dur et coriace, il a plus de deux ans. Je vous propose en échange trois tendres poulets, dont les chairs et les os seront assurément moins indignes de vous. — Non, bel ami, reprend Renart, je n'ai cure de tes poulets ; garde-les et me va chercher le coq. » Le vilain gémit, ne répondit pas, s'éloigna, courut à Noiret, le chassa, l'atteignit, et le ramenant devant Renart : « Voilà, sire, le Noiret que vous désirez : mais, par saint Mandé, je vous aurais donné plus volontiers mes deux meilleurs chapons. J'aimais beaucoup Noiret : il n'y eut jamais coq plus empressé, plus vigilant auprès de mes gelines ; en revanche, il en était vivement chéri. Mais vous l'avez voulu, monseigneur, je vous le présente. — C'est bien, Berton, je suis content, et pour le prouver, je te tiens quitte de ton hommage. — Grand merci, damp Renart, Dieu vous le rende et madame Sainte Marie ! »

Berton s'éloigne, et Renart, tenant Noiret entre ses dents, prend le chemin de Maupertuis, joyeux de penser qu'il pourra bientôt partager avec Hermeline, sa bien-aimée, la chair et les os de la pauvre bête. Mais il ne sait pas ce qui lui pend à l'œil. En passant sous une voûte qui traversait le chemin d'un autre village, il entend le coq gémir et se plaindre. Renart, assez tendre ce jour-là, lui demande bonnement ce qu'il a tant à pleurer. « Vous le savez bien, dit le coq ; maudite l'heure où je suis né !

... que Berton en fait, c'est de se jeter aux genoux de Renart...

devais-je être ainsi payé de mes services auprès de ce Berton, le plus ingrat des vilains ! — Pour cela, Noiret, dit Renart, tu as tort, et tu devrais montrer plus de courage. Ecoute-moi un peu, mon bon Noiret. Le seigneur a-t-il droit de disposer de son serf ? Oui, n'est-ce pas ? aussi vrai que je suis chrétien, au maître de commander, au serf d'obéir. Le serf doit donner sa vie pour son maître ; bien plus, il ne saurait désirer de meilleure, de plus belle mort. Tu sais bien cela, Noiret, on te l'a cent fois répété. Eh bien ! sans toi, Berton aurait payé de sa personne : s'il ne t'avait pas eu pour racheter son corps, il serait mort à l'heure qu'il est. Reprends donc courage, ami Noiret : en échange d'une mort belle et glorieuse, tu auras la compagnie des anges, et tu jouiras, pendant l'éternité, de la vue de Dieu lui-même. — Je le veux bien, sire Renart, répondit Noiret, ce n'est pas la mort qui m'afflige et me révolte ; car après tout, je finirai comme les Croisés, et je suis assuré, comme eux, d'une bonne soudée. Si je me désole, c'est pour les chapons mes bons amis, surtout pour ces chères et belles gelines que vous avez vues le long des haies, et qui seront un jour mangées, sans le même profit pour leurs âmes. Allons ! n'y pensons plus. Mais donnez-moi du courage, damp Renart ; par exemple, vous feriez une bonne œuvre si vous me disiez une petite chanson pieuse pour m'aider à mieux gagner l'entrée du Paradis. J'oublierais qu'il me faut mourir, et j'en serais mieux reçu parmi les élus. — N'est-ce que cela, Noiret ? reprend aussitôt Renart, eh ! que ne le disais-tu ? Par la foi que je dois à Hermeline, il ne sera pas dit que tu sois refusé ; écoute plutôt. »

Renart se mit alors à entonner une chansonnette nouvelle, à laquelle Noiret semblait prendre grand plaisir. Mais comme il filait un trait prolongé, Noiret fait un mouvement, s'échappe, bat des ailes, et gagne le haut d'un grand orme voisin. Renart le voit, veut l'arrêter : il est déjà trop tard. Il se dresse sur le tronc de l'arbre, saute, et n'en peut atteindre les rameaux. « Ah ! Noiret, dit-il, cela n'est pas bien : je vois que vous m'avez vilainement gabé. — Vous le voyez ? dit Noiret, eh bien ! tout à l'heure vous ne le voyiez pas. Possible, en effet, que vous ayez eu tort de chanter ; aussi, je ne vous demande pas de continuer le même air. Bonjour, damp Renart ! allez vous reposer ; quand vous aurez bien dormi, vous trouverez peut-être une autre proie ! »

Renart, tout confus, ne sait que faire et que résoudre. « Par sainte Anne ! dit-il, le proverbe est juste : beau chanter nuit ou ennuie ; et le vilain dit avec raison : entre la bouche et la cuiller il y a souvent encombre. J'en ai fait l'épreuve. Caton a dit aussi : à beau manger peu de paroles. Pourquoi ne m'en suis-je pas souvenu ! » Tout en s'éloignant il murmurait encore : « Mauvaise et sotte journée ! On dit que je suis habile, et que le bœuf ne saurait labourer comme je sais leurrer ; voilà pourtant un méchant coq qui me donne une leçon de tromperie ! Puisse au moins la chose demeurer secrète, et ne pas aller jusqu'à la cour ! c'en serait fait de ma réputation. »

Le translateur : Esope avait fait chanter le corbeau, longtemps avant la naissance de Chantecler et de Noiret. Il y a toujours eu (dans les temps anciens, bien entendu) des gens fort habiles à faire chanter les autres. Ecoutez comment Pierre de Saint-Cloud a su donner un nouvel agrément à la fable ésopienne du Renard et du Corbeau.

Quatrième aventure :
Comment Tiecelin le corbeau prit un fromage à la vieille, et comment Renart le prit à Tiecelin.

Dans une plaine fleurie que bornaient deux montagnes et qu'une eau limpide arrosait, Renart, un jour, aperçut de la rive opposée, un fau solitaire planté loin de tout chemin frayé, à la naissance de la montée. Il franchit le ruisseau, gagne l'arbre, fait autour du tronc ses passes ordinaires, puis se vautre délicieusement sur l'herbe fraîche, en soufflant pour se bien refroidir. Tout dans ce lieu le charmait ; tout, je me trompe, car il sentait un premier aiguillon de faim, et rien ne lui donnait l'espoir de l'apaiser. Pendant qu'il hésitait sur ce qu'il avait à faire, damp Tiecelin, le corbeau, sortait du bois voisin, planait dans la prairie et allait s'abattre dans un plessis qui semblait lui promettre bonne aventure.

Là se trouvait un millier de fromages qu'on avait exposés, pour les sécher, à un tour de soleil. La gardienne était rentrée pour un moment au logis, et Tiecelin saisissant l'occasion, s'arrêta sur un des plus beaux et reprit son vol au moment où la vieille reparaissait. « Ah ! mon beau monsieur, c'est pour vous que séchaient mes fromages ! » Disant cela, la vieille jetait pierres et cailloux. « Tais-toi, tais-toi, la vieille, répond Tiecelin ; quand on demandera qui l'a pris, tu diras : « C'est moi, c'est moi ! car la mauvaise garde nourrit le loup. »

Tiecelin s'éloigne et s'en vient percher sur le fau qui couvrait damp Renart de son frais ombrage. Réunis par le même arbre, leur situation était loin d'être pareille. Tiecelin savourait ce qu'il aimait le mieux ; Renart, également friand du fromage et de celui qui en était le maître, les regardait sans espoir de les atteindre. Le fromage à demi séché donnait une entrée facile aux coups de bec : Tiecelin en tire le plus jaune et le plus tendre ; puis il attaque la croûte dont une parcelle lui échappe et va tomber aux pieds de l'arbre. Renart lève la tête et salue Tiecelin qu'il voit fièrement campé, le fromage dressé dans les pattes. « Oui, je ne me trompe pas ; oui, c'est damp Tiecelin. Que

.... Tiecelin qu'il voit fièrement campé, le fromage dressé dans les patets...

le bon Dieu vous protège, compère, vous et l'âme de votre père, le fameux chanteur ! Personne autrefois, dit-on, ne chantait mieux que lui en France. Vous-même, si je m'en souviens, vous faisiez aussi de la musique : ai-je rêvé que vous avez longtemps appris à jouer de l'orgue ? Par ma foi, puisque j'ai le plaisir de vous rencontrer, vous consentirez bien, n'est-ce pas, à me dire une petite ritournelle. »

Ces paroles furent pour Tiecelin d'une grande douceur, car il avait la prétention d'être le plus agréable musicien du monde. Il ouvre donc aussitôt la bouche et fait entendre un *crah* prolongé. « Est-ce bien, cela, damp Renart ? — Oui, dit l'autre, cela n'est pas mal : mais si vous vouliez, vous monteriez encore plus haut. — Ecoutez-moi donc. » Il fait alors un plus grand effort de gosier. « Votre voix est belle, dit Renart, mais elle serait plus belle encore si vous ne mangiez pas tant de noix. Continuez pourtant, je vous prie. » L'autre, qui veut absolument emporter le prix de chant, s'oublie tellement que, pour mieux filer le son, il ouvre peu à peu les ongles et les doigts qui retenaient le fromage et le laisse tomber justement aux pieds de Renart. Le glouton frémit alors de plaisir ; mais il se contient, dans l'espoir de réunir au fromage le vaniteux chanteur .« Ah ! Dieu, dit-il en paraissant faire un effort pour se lever, que de maux le Seigneur m'a envoyés en ce monde ! Voilà que je ne puis changer de place, tant je souffre du genou ; et ce fromage qui vient de tomber m'apporte une odeur infecte et insupportable. Rien de plus dangereux que cette odeur pour les blessures des jambes ; les médecins me l'avaient bien dit, en me recommandant de ne jamais en goûter. Descendez, je vous prie, mon cher Tiecelin, venez m'ôter cette abomination. Je ne vous demanderais pas ce petit service, si je ne m'étais l'autre jour rompu la jambe dans un maudit piège tendu à quelques pas d'ici. Je suis condamné à demeurer à cette place jusqu'à ce qu'une bonne emplâtre vienne commencer ma guérison. »

Comment se méfier de telles paroles accompagnées de toutes sortes de grimaces douloureuses ! Tiecelin d'ailleurs était dans les meilleures dispositions pour celui qui venait enfin de reconnaître l'agrément de sa voix. Il descendit donc de l'arbre ; mais une fois à terre, le voisinage de Renart le fit réfléchir. Il avança pas à pas, l'œil au guet, et en se traînant sur le croupion. « Mon Dieu ! disait Renart, hâtez-vous donc, avancez ; que pouvez-vous craindre de moi, pauvre impotent ? » Tiecelin s'approcha davantage, mais Renart, trop impatient, s'élance et le manque, ne retenant en gage que trois ou quatre plumes. « Ah ! traître Renart ! dit alors Tiecelin, je devais bien savoir que vous me tromperiez ! J'en suis pour quatre de mes plus beaux tuyaux ; mais c'est là tout ce que vous aurez, méchant et puant larron, que Dieu maudisse ! »

Renart, un peu confus, voulut se justifier. C'était une attaque de goutte qui l'avait fait malgré lui sauter. Tiecelin ne l'écouta pas : « Garde le fromage, je te l'abandonne ; quant à ma peau tu ne l'auras pas. Pleure et gémis maintenant à ton aise, je ne viendrai pas à ton secours. — Eh bien, va-t'en, braillard de mauvais augure, dit Renart en reprenant son naturel ; cela me consolera de n'avoir pu te clore le bec. Par Dieu ! reprit-il ensuite, voilà vraiment un excellent fromage ; je n'en ai jamais mangé de meilleur ; c'est juste le remède qu'il me fallait pour le mal de jambes. »

Et, le repas achevé, il reprit lestement le chemin des bois.

Cinquième aventure :

Comment Renart ne put obtenir de la mésange le baiser de paix.

Renart commençait à se consoler des méchants tours de Chantecler et de Tiecelin quand, sur la branche d'un vieux chêne, il aperçut la mésange, laquelle avait déposé sa couvée dans le tronc de l'arbre. Il lui donna le premier salut : « J'arrive bien à propos, commère ; descendez, je vous prie ; j'attends de vous le baiser de paix, et j'ai promis que vous ne le refuseriez pas. — A vous, Renart ? fait la mésange. Bon, si vous n'étiez pas ce que vous êtes, si l'on ne connaissait vos tours et vos malices ! Mais, d'abord, je ne suis pas votre commère ; seulement, vous le dites pour ne pas changer d'habitudes en prononçant un mot de vérité. — Que vous êtes peu charitable ! répond Renart, votre fils est bien mon filleul par la grâce du saint baptême, et je n'ai jamais mérité de vous déplaire. Mais si je l'avais fait, je ne choisirais pas un jour comme celui-ci pour recommencer. Ecoutez bien : sire Noble, notre roi, vient de proclamer la paix générale ; plaise à Dieu qu'elle soit de longue durée ! Tous les barons l'ont jurée, tous ont promis d'oublier les anciens sujets de querelle. Aussi les petites gens sont dans la joie ; le temps est passé des disputes, des procès et des meurtres ; chacun aimera son voisin, et chacun pourra dormir tranquille.

— Savez-vous, damp Renart, dit la mésange, que vous dites là de belles choses ? Je veux bien les croire à demi ; mais cherchez ailleurs qui vous baise, ce n'est pas moi qui donnerai l'exemple.

— En vérité, commère, vous poussez la défiance un peu loin ; je m'en consolerais, si je n'avais juré d'obtenir le baiser de paix de vous comme de tous les autres. Tenez, je fermerai les yeux pendant que vous descendrez m'embrasser. — S'il en est ainsi, je le veux bien, dit la mésange. Voyons vos yeux : sont-ils bien fermés ? — Oui. — J'arrive. » Cependant l'oiseau avait garni sa patte d'un petit flocon de mousse qu'il vint déposer sur les barbes de Renart. A peine celui-ci a-t-il senti l'attouchement qu'il fait un bond pour saisir la mésange, mais ce n'était pas elle, il en fut pour sa honte. « Ah ! voilà donc votre paix, votre baiser ! Il ne tient pas à vous que le traité ne soit déjà rompu. » Eh ! dit Renart, ne voyez-vous pas que je plaisante ? je voulais voir si vous étiez peureuse. Allons ! recommençons ; tenez, me voici les yeux fermés. » La mésange, que le jeu commençait à amuser, vole et sautille, mais avec précaution. Renart montrant une seconde fois les dents : « Voyez-vous, lui dit-elle, vous n'y réussirez pas ; je me jetterais plutôt dans le feu que dans vos bras. — Mon Dieu ! dit Renart, pouvez-vous ainsi trembler au moindre mouvement ! Vous supposez toujours un piège caché : c'était bon avant la paix jurée. Allons ! une troisième fois, c'est le vrai compte ; en l'honneur de Sainte Trinité. Je vous le répète ; j'ai promis de vous donner le baiser de paix, je dois le faire, ne serait-ce que pour mon petit filleul que j'entends chanter sur l'arbre voisin. »

Renart prêche bien sans doute, mais la mésange fait la sourde oreille et ne quitte plus la branche de chêne.

Cependant voici des veneurs et des braconniers, les chiens et les coureurs de damp abbé, qui s'embatent de leur côté. On entend le son des grailes et des cors, puis tout à coup : *Le goupil ! le goupil !* Renart, à ce cri terrible, oublie la mésange, serre la queue entre les jambes, pour donner moins de prise à la dent des lévriers. Et la mésange alors de lui dire : « Renart ! pourquoi donc vous éloigner ? La paix n'est-elle pas jurée ? — Jurée, oui, répond Renart, mais non publiée. Peut-être ces jeunes chiens ne savent-ils pas encore que leurs pères l'ont arrêtée. — Demeurez, de grâce ! je descends pour vous embrasser. — Non ; le temps presse, et je cours à mes affaires. »

Sixième aventure :
Comment le frère convers ne détacha pas les chiens.

Mais pour surcroît de danger, en s'éloignant de la mésange afin de rentrer dans le bois, il se trouve en présence d'un de ces demi-vilains, demi-valets qui, par charité ou pour quelque redevance, obtenaient la faveur de vivre de la vie des moines, qu'ils servaient ou dont ils gardaient les terres et les courtils. On les désignait sous le nom de frères convers ou convertis à la vie monacale ; gens peu considérés, et qui méritaient rarement de l'être davantage. Celui-ci avait la charge de tenir en laisse deux veautres ou lévriers. Bientôt le premier valet qui aperçoit Renart lui crie à haute voix : *Délie, délie !* Renart comprend le danger ; au lieu de tenter une fuite devenue impossible, il aborde résolument le frère convers, qui s'adressant à lui : « Ah ! méchante bête, c'est fait de vous ! — Sire religieux, dit Renart, vous ne faites pas que prudhomme, aucun ne doit être privé de son droit. Ne voyez-vous pas qu'entre les autres chiens et moi, nous courons un enjeu que gagnera le premier arrivé ? Si vous lâchez les deux veautres, ils m'empêcheront de disputer le prix, et vous en aurez tout le blâme. »

Le frère convers, homme simple de sa nature, réfléchit, se gratta le front : « Par Notre-Dame, se dit-il, damp Renart pourrait bien avoir raison. » Il ne lâcha donc pas les lévriers, et se contenta de souhaiter bonne chance à Renart. Celui-ci, pressant alors le pas, s'enfonce dans les taillis et, toujours poursuivi, s'élance dans une plaine que terminait un large fossé. Le fossé est à son tour franchi, et les chiens, après un moment d'incertitude, perdent ses pistes et retournent.

Mis à l'abri de leurs dents cruelles, Renart put enfin se reconnaître. Il était épuisé de fatigue ; mais il avait mis en défaut ses ennemis, et si quelques heures de repos ne le rassasièrent pas, au moins elles lui rendirent sa légèreté et toute son ardeur de chasse et de maraude.

Septième aventure :

Comment Renart fit rencontre des marchands de poisson, et comment il eut sa part des harengs et des anguilles.

Renart, on le voit, n'avait pas toujours le temps à souhait, et ses entreprises n'étaient pas toutes également heureuses. Quand le doux temps d'été faisait place au rigoureux hiver, il était souvent à bout de provisions, il n'avait rien à donner, rien à dépendre : les usuriers lui faisaient défaut, il ne trouvait plus de crédit chez les marchands. Un de ces tristes jours de profonde disette, il sortit de Maupertuis, déterminé à n'y rentrer que les poches gonflées. D'abord il se glisse entre la rivière et le bois dans une jonchère, et quand il est las de ses vaines recherches, il approche du chemin ferré, s'accroupit dans l'ornière, tendant le cou d'un et d'autre côté. Rien encore ne se présente. Dans l'espoir de quelque chance meilleure, il va se placer devant une haie, sur le versant du chemin : enfin il entend un mouvement de roues. C'étaient des marchands qui revenaient des bords de la mer, ramenant des harengs frais, dont, grâce au vent de bise qui avait soufflé toute la semaine, on avait fait pêche abondante ; leurs paniers crevaient sous le poids des anguilles et des lamproies qu'ils avaient encore achetées, chemin faisant.

A la distance d'une portée d'arc, Renart reconnut aisément les lamproies et les anguilles. Son plan est bientôt fait : il rampe sans être aperçu jusqu'au milieu du chemin, il s'étend et se vautre, jambes écartées, dents rechignées, la langue pantelante, sans mouvement et sans haleine. La voiture avance ; un des marchands regarde, voit un corps immobile, et, appelant son compagnon : « Je ne me trompe pas, c'est un goupil ou un blaireau. — C'est un goupil, dit l'autre ; descendons, emparons-nous-en, et surtout qu'il ne nous échappe. » Alors ils arrêtent le cheval, vont à Renart, le poussent du pied, le pincent et le tirent ; et comme ils le voient immobile, ils ne doutent pas qu'il ne soit mort. « Nous n'avions pas besoin d'user de grande adresse ; mais que peut valoir sa pelisse ? — Quatre livres, dit l'un. — Dites cinq, reprend l'autre, et pour le moins ; voyez sa gorge, comme elle est blanche et fournie ! C'est la bonne saison. Jetons-le sur la charrette. »

Ainsi dit, ainsi fait. On le saisit par les pieds, on le lance entre les paniers, et la voiture se remet en mouvement. Pendant qu'ils se félicitent de l'aventure et qu'ils se promettent de découdre, en arrivant, la robe de Renart, celui-ci ne s'en inquiète guère ; il sait qu'entre faire et dire il y a souvent un long trajet. Sans perdre de temps, il étend la patte sur le bord d'un panier, se dresse doucement, dérange la couverture, et tire à lui deux douzaines des plus beaux harengs. Ce fut pour aviser avant tout à la grosse faim qui le travaillait. D'ailleurs il ne se pressa pas, peut-être même eut-il le loisir de regretter l'absence de sel ; mais il n'avait pas l'intention de se contenter de si peu. Dans le panier voisin frétillaient les anguilles : il en attira vers lui cinq à six des plus belles ; la difficulté était de les emporter, car il n'avait plus faim. Que fait-il ? Il aperçoit dans la charrette une botte de ces ardillons d'osier qui servent à embrocher les poissons :

il en prend deux ou trois, les passe dans la tête des anguilles, puis se roule de façon à former de ces ardillons une triple ceinture, dont il rapproche les extrémités en tresse. Il s'agissait maintenant de quitter la voiture ; ce fut un jeu pour lui : seulement il attendit que l'ornière vînt trancher sur le vert gazon, pour se couler sans bruit et sans risque de laisser après lui les anguilles.

Et cela fait, il aurait eu regret d'épargner un brocard aux voituriers. « Dieu vous maintienne en joie, beaux vendeurs de poisson ! leur cria-t-il. J'ai fait avec vous un partage de frère : j'ai mangé vos plus gros harengs et j'emporte vos meilleures anguilles ; mais je laisse le plus grand nombre. »

Quelle ne fut pas alors la surprise des marchands ! Ils crient : *Au goupil, au goupil !* mais le goupil ne les redoutait guère : il avait les meilleures jambes. « Fâcheux contretemps ! disent-ils, et quelle perte pour nous, au lieu du profit que nous pensions tirer de ce maudit animal ! Voyez comme il a dégagé nos paniers ; puisse-t-il en crever au moins d'indigestion !

— Tant qu'il vous plaira, dit Renart, je ne crains ni vous ni vos souhaits. » Puis il reprit tranquillement le chemin de Maupertuis. Hermeline, la bonne et sage dame, l'attendait à l'entrée ; ses deux fils, Malebranche et Percehaie, le reçurent avec tout le respect qui lui était dû, et quand on vit ce qu'il rapportait, ce fut une joie et des embrassements sans fin. « A table ! s'écria-t-il, que l'on ait soin de bien

Il en prend deux ou trois, les passe dans la tête des anguilles, puis se roule de façon à former de ces ardillons une triple ceinture, dont il rapproche les extrémités en tresse...

fermer les portes, et que personne ne s'avise de nous déranger. »

Huitième aventure

Où l'on voit comment Ysengrin eut envie de se convertir, et comme il fut ordonné moine de l'abbaye de Tyron.

Pendant que Renart est ainsi festoyé dans Maupertuis, que la sage Hermeline (car la dame a jugé convenable d'abandonner son premier nom de Richeut, pour en prendre un autre plus doux et plus seigneurial), qu'Hermeline lui frotte et rafraîchit les jambes, que ses enfants écorchent les anguilles, les taillent, les étendent sur des tablettes de coudrier, et les posent doucement sur la braise, voilà qu'on entend frapper à la porte. C'est monseigneur Ysengrin, lequel, ayant chassé tout le jour sans rien prendre, était venu d'aventure s'asseoir devant le château de Maupertuis. Bientôt la fumée qui s'échappait du haut des toits frappe son attention, et profitant d'une petite ouverture entre les ais de la porte, il croit voir les deux fils de la maison occupés à retourner de belles côtelettes sur les charbons ardents. Quel spectacle pour un loup mourant de faim et de froid ! Mais il savait le naturel de son compère aussi peu généreux que le sien ; et la porte étant fermée, il demeura quelque temps à lécher ses barbes, en étouffant ses cris de convoitise. Puis il grimpe à la hauteur d'une fenêtre, et ce qu'il y voit confirme ses premières découvertes. Maintenant, comment pénétrer dans ce lieu de délices ? comment décider Renart à défermer sa porte ? Il s'accroupit, se relève, tourne et retourne, bâille à se démettre la mâchoire, regarde encore, essaie de fermer les yeux ; mais les yeux reviennent d'eux-mêmes plonger dans la salle qui lui est interdite : « Voyons pourtant, dit-il, essayons de l'émouvoir : Eh ! compère ! beau neveu Renart ! Je vous apporte bonnes nouvelles ! J'ai hâte de vous les dire. Ouvrez-moi. »

Renart reconnut aisément la voix de son oncle, et n'en fut que mieux résolu de faire la sourde oreille. « Ouvrez donc, beau sire ! disait Ysengrin. Ne voulez-vous pas prendre votre part du bonheur commun ? » A la fin, Renart, qui avait son idée, prit le parti de répondre au visiteur.

« Qui êtes-vous, là-haut ?

— Je suis moi.

— Qui vous ?

— Votre compère.

— Ah ! je vous prenais pour un larron.

— Quelle méprise ! c'est moi : ouvrez.

— Attendez au moins que les frères soient levés de table.

— Les frères ? il y a des moines chez vous ?

— Assurément, ou plutôt de vrais chanoines ; ceux de l'abbaye de Tyron, enfants de saint Benoît, qui m'ont fait la grâce de me recevoir dans leur ordre.

— Nomenidam ! alors, vous m'hébergerez aujourd'hui, n'est-ce pas ? et vous me donnerez quelque chose à manger ?

— De tout notre cœur. Mais d'abord répondez. Venez-vous ici en mendiant ?

— Non ; je viens savoir de vos nouvelles. Ouvrez-moi.

— Vous demandez une chose impossible.

— Comment cela ?

— Vous n'êtes pas en état.

— Je suis en état de grand appétit. N'est-ce pas de la viande que je vous vois préparer ?

— Ah ! bel oncle ! vous nous faites injure. Vous savez bien qu'en religion on fait vœu de renoncer à toute œuvre de chair ?

— Et que mangent-ils donc, vos moines ? des fromages mous ?

— Non pas précisément ; mais de gros et gras poissons. Notre père saint Benoît recommande même de choisir toujours les meilleurs.

— Voilà du nouveau pour moi. Mais enfin cela ne doit pas vous empêcher de m'ouvrir et de m'accorder gîte pour cette nuit.

— Je le voudrais bien ; par malheur, il faut, pour entrer, être ordonné moine ou ermite. Vous ne l'êtes pas ; bon soir ! passez votre chemin.

— Ah ! voilà de méchants moines ; je ne les reconnais pas à leur charité : mais j'entrerai malgré vous. Non ! la porte est trop forte, et la fenêtre est barrée. Compère Renart, vous avez parlé de poisson, je ne connais pas cette viande. Est-elle bonne ? Pourrais-je en avoir un seul morceau, simplement pour en goûter ?

— Très volontiers et bénie soit notre pêche aux anguilles, si vous en voulez bien manger. »

Il prend alors sur la braise deux tronçons parfaitement grillés, mange le premier et porte l'autre à son compère. « Tenez, bel oncle, approchez ; nos frères vous envoient cela, dans l'espoir que vous serez bientôt des nôtres.

— J'y penserai, cela pourra bien être ; mais pour Dieu ! donnez, en attendant.

— Voici. Eh bien, que vous semble ?

— Mais c'est le meilleur manger du monde. Quel goût, quelle saveur ! je me sens bien près de ma conversion. Ne pourriez-vous m'en donner un second morceau ?

— Par nos bottes ! si vous voulez être moine, vous serez bientôt mon supérieur ; car, je n'en doute pas, avant la Pentecôte, nos frères s'entendront pour vous élire abbé.

— Se pourrait-il ? oh ! non, vous raillez.

— Non vraiment ; par mon chef ! vous feriez le plus beau rendu du monde, et quand vous aurez passé les draps noirs sur votre pelisse grise...

— Alors, vous me donnerez autant de poisson que je voudrai ?

— Tant que vous voudrez.

— Cela me décide ; faites-moi rogner tout de suite.

— Non pas seulement rogner, mais raser.

— Raser ? Je ne croyais pas qu'on exigeât cela. Qu'on me rase donc !

la force de soulever l'engin. — Ah ! reprend Renart en riant, je vois ce que c'est ! mais à qui la faute ? Vous en avez voulu trop prendre, et le vilain a raison de le dire : Qui tout désire tout perd. »

La nuit passe, l'aube paraît, le soleil se lève. La neige avait blanchi la terre, et messire Constant des Granges, un honnête vavasseur dont la maison touchait à l'étang, se lève et sa joyeuse mesgnie. Il prend un cor, appelle ses chiens, fait seller un cheval ; des clameurs partent de tous les côtés, tout se dispose pour la chasse. Renart ne les attend pas, il reprend lestement le chemin de Maupertuis, laissant sur la brèche le pauvre Ysengrin qui tire de droite et de gauche, et déchire sa queue cruellement sans parvenir à la dégager. Survient un garçon tenant deux lévriers en laisse. Il aperçoit le loup arrêté par la queue dans la glace, et le derrière ensanglanté. « Ohé ! ohé ! le loup ! » Les veneurs avertis accourent avec d'autres hiens, et cependant Ysengrin entend Constant es Granges donner l'ordre de les délier. Les raconniers obéissent ; leurs brachets s'atta- ent au loup qui, la pelisse hérissée, se dispose faire bonne défense. Il mord les uns, retient autres à distance. Alors messire Constant scend de cheval, approche l'épée au poing pense couper Ysengrin en deux. Mais le p porte à faux ; messire Constant, ébranlé même, tombe sur la tête et se relève à nd-peine. Il revient à la charge, vise la tête, oup glisse et le glaive descend sur la queue

— Il faut attendre que l'eau soit un peu chaude : la couronne n'en sera que plus belle. Allons ! elle est à peu près comme il faut ; ni trop froide ni bouillante. Baissez-vous seulement un peu et passez votre tête par le pertuis que j'ouvre maintenant. »

Ysengrin fait ce qu'on lui dit ; il allonge l'échine, avance la tête, et Renart aussitôt renverse le pot et l'inonde d'eau bouillante. « Ah ! s'écrie le pauvre Ysengrin, je suis perdu ! je suis mort ! au diable la tonsure ! vous la faites trop grande. » Renart, qui riait sous cape : « Non, compère, on la porte ainsi ; elle est tout au plus de la largeur voulue. — Cela n'est pas possible. — Je vous le proteste, et j'ajoute que la règle du couvent demande que vous passiez dehors la première nuit en pieuses veilles. — Si j'avais su tout cela, dit Ysengrin, et surtout comment on rasait les moines, au diable si l'envie m'eût pris de le devenir ! mais il est trop tard pour s'en dédire. Au moins, me servira-t-on des anguilles ? — Une journée, dit Renart, est bientôt passée ; d'ailleurs je vais vous rejoindre pour vous la faire trouver moins longue. » Cela dit, il sortit par une porte secrète connue de lui seul, et arriva près d'Ysengrin.

Tout en parlant de la vie douce et édifiante des moines, il conduisit le nouveau rendu sur le bord d'un vivier, où lui arriva l'aventure que nous allons vous raconter.

Neuvième aventure :

Où l'on verra comment Renart conduisit son compère à la pêche aux anguilles.

C'était peu de temps avant Noël, quand on pense à saler les bacons. Le ciel était parsemé d'étoiles, il faisait un grand froid, et le vivier où Renart avait conduit son compère était assez fortement pris de glace pour que l'on pût en toute sécurité former sur lui des rondes joyeuses. Il n'y avait qu'un seul trou, soigneusement entretenu chaque jour par les paysans du village, et près duquel ils avaient laissé le seau qui leur servait à puiser de l'eau.

Renart, indiquant du doigt le vivier : « Mon oncle, dit-il, c'est là que se tiennent en quantité les barbeaux, les tanches et les anguilles ; et précisément voici l'engin qui sert à les prendre. » Il montrait le seau. « Il suffit de le tenir quelque temps plongé dans l'eau, puis de l'en tirer quand on sent à sa pesanteur qu'il est garni de poissons.

— Je comprends, dit Ysengrin, et pour bien faire, je crois, beau neveu, qu'il faudrait attacher l'engin à ma queue ; c'est apparemment ainsi que vous faites vous-même quand vous voulez avoir une bonne pêche. — Justement, dit Renart ; c'est merveille comme vous comprenez aisément. Je vais faire ce que vous demandez. »

Il serre fortement le seau à la queue d'Ysen-

grin. « Et maintenant, vous n'avez plus qu'à vous tenir immobile pendant une heure ou deux, jusqu'à ce que vous sentiez les poissons arriver en foule dans l'engin. — Je comprend fort bien ; pour de la patience j'en aurai tar qu'il faudra. »

Renart se place alors un peu à l'écart, sc un buisson, la tête entre les pieds, les y attachés sur son compère. L'autre se tient bord du trou, la queue en partie plongée l'eau avec le seau qui la retient. Mais co le froid était extrême, l'eau ne tarda pas figer, puis à se changer en glace autour queue. Le loup, qui se sent pressé, attri tiraillement aux poissons qui arrivent félicite, et déjà songe au profit qu'il d'une pêche miraculeuse. Il fait un mou puis s'arrête encore, persuadé que plus dra, plus il amènera de poissons à bor il se décide à tirer le seau ; mais s sont inutiles. La glace a pris de la co le trou est fermé, la queue est ar qu'il lui soit possible de rompre l' se démène et s'agite, il appelle Re mon secours, beau neveu ! il y a t sons que je ne puis les soulever der ; je suis las, et le jour ne do à venir. » Renart, qui faisait sem mir, lève alors la tête : « Comm vous êtes encore là ? Allons, hât vos poissons et partons ; le jour à venir. — Mais, dit Ysengrin remonter. Il y en a tant, tant, qu'il emporte tout entière. Ysengrin, surmontant une douleur aiguë, fait un effort suprême et s'élance au milieu des chiens qui s'écartent pour lui ouvrir passage et courir aussitôt à sa poursuite. Malgré la meute entière acharnée sur ses traces, il gagne une hauteur d'où il les défie. Brachets et lévriers tous alors renoncent à leur chasse. Ysengrin entre au bois, plaignant la longue et riche queue qu'il s'est vu contraint de laisser en gage, et jurant de tirer vengeance de Renart, qu'il commence à soupçonner de lui avoir malicieusement ménagé toutes ces fâcheuses aventures.

Le translateur : A l'imitation d'Ysengrin devenu moine et pêcheur d'anguilles, Primaut, son digne frère, va devenir prêtre, et Renart lui fera partager l'aventure des marchands de poisson. Une seule légende latine aura sans doute inspiré les deux récits français : deux trouvères auront (à l'insu l'un de l'autre) taillé dans le même modèle Ysengrin et Primaut ; comme ils avaient déjà taillé, dans un autre, Chantecler et Noiret. L'histoire de l'entrée dans les ordres a même été renouvelée pour la troisième fois au profit de Tybert le chat. Mais de celle-ci nous nous en tairons.

Dixième aventure :

Comment Renart trouva la boîte aux oublies, et comment Primaut, ordonné prêtre, voulut sonner les cloches et chanter la messe : ce que l'on estima fort étrange.

Certain prêtre, un jour, traversait la plaine, portant devant lui sur sa poitrine une boîte remplie de ces gâteaux légers connus sous le nom d'oublies, que l'on découpait plus tard pour en faire des pains à chanter. Au bout de la plaine était une haie : le prêtre en la traversant avait laissé tomber la boîte aux oublies, et ne s'en était pas aperçu. Renart arrive, trouve la boîte et l'emporte à travers champs. Quand il se vit dans un endroit écarté : « Voyons, dit-il, ce qu'il y a là-dedans. » Il ouvre, trouve plus de cent oublies et les mange toutes à l'exception de deux qu'il garde pliées en double entre ses dents. Il n'eut pas fait vingt pas qu'il aperçut damp Primaut venant à lui d'un pas rapide, comme s'il le reconnaissait. « Renart, dit-il, sois le bienvenu ! — Et vous, damp Primaut, Dieu vous garde et vous donne bon jour ! Peut-on savoir d'où votre seigneurie accourt si vite ? — Je viens du bois où j'ai chassé longtemps sans rien trouver. Mais que portes-tu donc là ?

Renart : De bons et beaux gâteaux d'église ; des oublies.

Ysengrin, surmontant une douleur aiguë, fait un effort suprême et s'élance au milieu des chiens qui s'écartent pour lui ouvrir passage et courir...

Primaut : Des gâteaux ! où les as-tu découverts ?

Renart : Mais apparemment où ils étaient ; ils m'y attendaient, je suppose.

Primaut : Ah ! cher ami, partageons, je te prie.

Renart : Je vous les donne, et je vous les donnerais quand même ils vaudraient cinq cents livres.

Primaut ayant mangé les oublies de grand cœur : « Renart, sais-tu que ces gâteaux sont fort bons ? En as-tu d'autres ? — Non, pour le moment. — Eh bien, j'en ai regret ; car, par saint Germain et l'âme de mon père, je sens une faim horrible. Je n'avais rien mangé aujourd'hui, et malgré tes oublies, je me sens prêt à défaillir. — Prenez, dit Renart, un peu de courage. Vous voyez là-bas ce moutier ? Allons-y, nous y trouverons autant d'oublies que nous voudrons. — Ah ! cher ami Renart, s'il en était ainsi, j'en serais reconnaissant toute ma vie. — Laissez-moi faire, et vous allez être content, je le promets sur ma tête. Marchez devant, je suivrai. »

Ils courent et bientôt arrivent devant le moutier que desservait le prêtre à la boîte d'oublies. La porte était fermée : ils creusent la terre sous les degrés de l'entrée et pratiquent une ouverture.

Les voilà dans l'église. Sur l'autel se trouvaient des oublies recouvertes d'une blanche serviette. Enlever le linge et dévorer les gâteaux fut pour Primaut l'affaire d'un instant. « En vérité, frère Renart, ces gâteaux me plaisent beaucoup : mais plus j'en ai mangé et plus j'ai souhaité d'en manger encore. Quelle est cette huche, là près ? ne contiendrait-elle pas quelque bonne chose ? voyons, ouvrons-la. — Je ne demande pas mieux. »

Ils vont à la huche. Primaut, le plus fort et le plus avide, en brise la fermeture : ils y trouvent du pain, du vin et de bonnes viandes. « Dieu soit loué ! dit Primaut, cela vaut encore mieux que les oublies ; et nous avons de quoi faire un excellent repas. Tiens, Renart, va prendre la nappe de l'autel, étends-la ici et apporte-nous du sel. L'honnête homme que ce prêtre, pour avoir si bien garni la huche ! Voilà tout préparé ; mangeons ce que Dieu nous envoie. »

Parlant ainsi, Primaut tirait les provisions. Elles furent posées sur la nappe, et, tranquilles comme dans leur propre demeure, les deux compagnons s'assirent et mangèrent à qui mieux mieux.

Mais si Renart ne jouait pas un mauvais tour à Primaut, il en aurait une honte mortelle. « Cher ami, dit-il, je suis ravi de vous voir en si bon point. Versez et buvez, nous n'avons personne à craindre. — Oui, buvons, répond Primaut, il y a du vin pour trois. » Cependant, à force de hausser le bras, la tête de damp Primaut s'embarrasse, et Renart, tout en se ménageant, continuait à l'exciter. « Çà, disait-il, nous ne faisons rien ; vous buvez à trop petits coups, je ne vous reconnais pas.

— Comment ! je lampe sans arrêter, répond l'autre en bégayant. Fais-moi raison, mon cher, mon bon ami Renart : je veux boire plus que toi. — Oh ! vous n'y arriverez pas. — Moi ? — Songez que j'ai dix coups en avance. — Ah ! Renart, tu ne dis pas la vérité. Tiens, *have ! drink !* Toi mieux boire que moi ! je viderais plutôt les deux coupes à la fois, la tienne et la mienne. »

Renart faisait semblant de boire, mais laissait couler le vin dans ses barbes. L'autre n'y voyait plus rien ; il buvait, buvait toujours, les yeux hors du front, rouges comme deux charbons embrasés. Il n'est pas de rêverie qui ne lui passe par la tête : tantôt il se croit le roi Noble entouré de sa cour, au milieu de son palais ; tantôt il pleure ses vieux méfaits et se déclare le plus grand pécheur du monde.

« Renart, dit-il, j'ai une idée ; Dieu en nous conduisant ici doit avoir eu ses desseins sur nous. Si nous allions à l'autel chanter la messe ? Le missel est ouvert, les robes du prêtre sont à côté. J'ai appris à chanter quand j'étais jeune, et tu vas voir si je l'ai oublié.

— Mais, dit Renart, il faut, avant tout, se garder de sacrilège. Pour chanter à l'autel on doit être prêtre, ou pour le moins clerc couronné. Tu ne l'es pas, Primaut. — En vérité, tu as raison, Renart. Mais on y pourvoira, on y pour-pour-voira. Ne pourras-tu me faire la couronne qui me manque ? D'ailleurs, on peut renoncer à la messe ; je n'ai pas besoin d'être tonsuré pour dire vigiles et vêpres. — Non ;

mais pourtant il vaudrait mieux te donner tout de suite les ordres : moi, je puis fort bien le faire, car, au temps passé, j'ai étudié pour être prêtre et je suis au moins diacre. Si donc je trouvais un rasoir, je te couronnerais, je te passerais l'étole au cou et je te déclarerais prêtre, sans avoir besoin de notre saint-père le Pape. — En attendant, dit Primaut, rien ne nous empêche de chanter les vêpres. » Les deux amis avancent vers l'autel, Primaut en longeant les murs pour y trouver le point d'appui dont il a grand besoin. Tout en l'accompagnant, Renart regardait de côté et d'autre : derrière l'autel des pèlerins il avise une armoire, et par bonheur il y trouve un rasoir effilé, un clair bassin de laiton et des ciseaux. « Voilà, dit-il, tout ce qu'il nous faut ; nous n'avons plus besoin que d'un peu d'eau. »

Primaut avait la langue trop embarrassée pour répondre. L'autre cependant reconnaît, sous la tour des cloches, la pierre du baptistère, il y puise de l'eau, et revenant à son compagnon : « Voyez, Primaut, le miracle que Dieu vient de faire pour vous ; regardez cette eau. — C'est, dit Primaut, que Dieu prend en gré notre service. Allons, vite ma couronne. Décidément, je veux chanter la messe. »

Il s'étend sur les dalles, et Renart lui tenant d'une main la tête verse de l'autre l'eau du bassin. Primaut supporte tout sans broncher, et Renart profitant de sa bonne volonté lui élargit la couronne jusqu'aux oreilles. « Ai-je tonsure maintenant ? — Oui, tu peux la sentir toi-même. — Me voilà donc vrai prêtre ! Allons, tout de suite la messe ! commençons. — Mais auparavant, il faut sonner les cloches. — Laisse-moi faire. » Il va aux cloches, saisit les cordes et se met à sonner à glas et à carillon.

Renart est pris alors d'une telle envie de rire que la mort de tous ses parents ne la lui aurait pas ôtée. Il se cache comme il peut sous les barbes de son manteau, et lui crie : « Bon ! bon ! plus fort ! toujours plus fort ! — Je crois qu'il n'y a pas un clerc, un marguillier capable de mieux sonner. — Mais il faut prendre les deux cordes ensemble, les clochettes ne font pas leur office. — Est-ce mieux comme cela ? — Oui ; oui ; maintenant à l'autel ! Je vais vous aider à passer l'aube et l'aumusse, la ceinture, le fanon et l'étole. » Puis, entre ses dents : « Oh ! comme il chantera tout à l'heure autrement ! comme on va lui caresser d'une autre façon les côtes ! »

Primaut, la chasuble sur le dos, monte à l'autel, ouvre le missel, tourne et retourne les feuillets ; il pousse des hurlements qu'il regarde comme autant de traits mélodieux. Cependant Renart, croyant le moment arrivé de déguerpir, se coule sous la porte par le trou qu'ils avaient pratiqué, rejette la terre qu'ils en avaient enlevée, ferme l'ouverture, et laisse Primaut braire et hurler tout à son aise.

Or, comme on le pense bien, le son des cloches arrive au presbytère. Le prêtre étonné saute à bas de son lit, approche du feu la chandelle qu'il allume, appelle Giles son clerc, son chapelain, et sa femme [1], se munit d'un levier, prend la clef du moutier, ouvre la porte et s'avance avec inquiétude. La dame s'arme d'un pilon, le chapelain d'un fouet et le clerc d'une massue qui lui donne quelque chose de l'air et de la démarche d'un énorme limaçon.

Le prêtre fut le premier à distinguer, devant l'autel d'où partaient les cris, un personnage tonsuré, enchasublé, dont il ne peut reconnaître les traits. Il recule, il revient à plusieurs reprises, enfin il s'imagine avoir affaire au diable et se sent pris d'une telle épouvante qu'il en perd connaissance. La prêtresse pousse les hauts cris, et le clerc se sauve dans la ville en criant de toutes ses forces : « Alarme ! alarme ! les diables sont entrés dans le moutier ! ils ont tué monsieur le curé, et nous avons eu grand-peine à nous sauver. » Les vilains réveillés en sursaut se lèvent, s'habillent et tous se portent vers le moutier.

Il fallait les voir alors : l'un a endossé son haubert de cuir, l'autre a coiffé son vieux chapeau de fer enfumé ; celui-ci a tiré du fumier sa fourche encore humide, celui-là s'est fait accompagner de ses chiens, d'autres brandissent des épées rouillées, dressent des bâtons, des fléaux, agitent des haches, des massues ; tous enfin se préparent à lutter rien que contre les

1. En ce temps-là c'est-à-dire vers 1170, l'Eglise permettait encore aux prêtres de garder la femme qu'ils avaient épousée avant d'être ordonnés.

Il va aux cloches, saisit les cordes et se met à sonner à glas et à carillon...

diables d'enfer. Le prêtre était revenu à lui : « Oui, mes enfants, leur dit-il, le diable est dans l'église, il faut lui courir sus. » Le bruit de la foule interrompt la messe de Primaut : il se retourne, s'étonne, la peur le prend et le dégrise. Il court au trou, il était fermé ; il revient à l'autel, il va, vient, de plus en plus effrayé. Le prêtre, lui voyant l'oreille basse, le frappe de son levier : furieux, Primaut se jette sur l'agresseur et l'aurait mis en pièces si les vilains lui en avaient laissé le temps. Tous alors le huent, le daubent, lui brisent les reins, lui enlèvent la moitié de l'échine. Le pauvre Primaut fait alors un suprême effort : il mesure des yeux une fenêtre ouverte, fait un élan, l'atteint du premier saut et s'échappe enfin de l'église. Criblé de blessures, il n'a d'autre consolation que les vêtements qu'il emporte, et c'est dans ce costume qu'il gagne le bois et qu'il rend grâces à Dieu de lui avoir conservé la vie. « Maudit soit le prouvère ! il me paiera cher un autre jour tous les coups que j'ai reçus ! Je jure Hermengart, ma femme, de ne rien laisser ici, ni vache ni brebis. S'il a demain à chanter messe, qu'il cherche celui qui lui rapportera son étole et son aumusse ; il faudra qu'il emprunte, pour l'office, la jupe de la prêtresse, et qu'il fasse une aube de sa guimple. Mais Renart ! qu'est-il devenu ? c'est lui pourtant qui me conduisit au moutier, et qui m'a laissé après m'avoir mis dans l'embarras. Ah ! si je le retrouve, je n'irai pas porter ma plainte à la cour du roi Noble, je me ferai justice moi-même et je l'empêcherai d'essayer jamais des tours pareils. Mais j'aurais dû me tenir pour défié, et l'exemple de mon frère Ysengrin pouvait bien me tenir lieu d'avertissement. »

Parlant ainsi, il découvre sous un chêne maître Renart qui, l'air contrit, les yeux larmoyants, semblait arrêté pour l'attendre. « Ah ! vous voilà donc enfin, sire Primaut, dit-il, soyez le bienvenu ! — Et moi, dit Primaut, je ne vous salue pas. — Pourquoi ? quel mal ai-je donc fait ? — Vous m'avez laissé seul, et sans m'avertir vous avez fermé la trouée du moutier. Ce n'est pas votre faute si je n'ai pas été assommé : il a fallu me défendre contre une centaine d'ennemis acharnés. Méchant nain, roux infâme ! Ah ! si je ne suis pas le premier, je pourrai bien être le dernier de ceux que vous aurez trahis.

— Sire Primaut, répond Renart d'une voix suppliante, je vous crie merci ; je sais que dans ces lieux écartés, vous pouvez me faire honte et préjudice ; mais j'atteste Hermeline, ma chère femme, Malebranche et Percehaie, mes deux fils, que je ne me souviens pas de vous avoir offensé. Ce n'est pas moi qui ai fermé le pertuis, c'est le méchant prouvère. J'eus beau le supplier de s'en défendre, il me répondit par des menaces, si bien que le voyant prêt à me faire un mauvais parti, je n'eus plus qu'à me sauver par un petit sentier couvert que je connaissais. Je vous attendis sous ce chêne, inquiet de ce que vous alliez devenir, car je prévoyais avec chagrin qu'on vous attaquerait.

Onzième aventure :
Comment Renart et Primaut allèrent à la foire, et du bon marché qu'ils firent en chemin.

Au point du jour, les deux amis se levèrent et plièrent les vêtements du curé, à la guise des marchands. Primaut coupa une hart, et les pendit à son cou ; Renart se plaça derrière lui comme son valet et, dans cet appareil, ils prirent gaiement le chemin de la foire.

Ils ne marchèrent pas longtemps sans faire la rencontre d'un prouvère, qui justement se rendait à la foire pour y acheter un surplis, une étole et une aumusse ; mais il voulait commencer par aller déjeuner chez un de ses confrères, auquel il portait une oie des plus tendres et des plus grasses.

Renart fut le premier à l'apercevoir. « Bonne aventure, compain, dit-il à Primaut, je vois là devant nous, un prêtre qui, si je ne me trompe, va nous être de grand secours. Peut-être nous achètera-t-il nos habits, ce serait autant de gagné ; car, en pleine foire, on peut nous soupçonner de les avoir volés, et nous paierions alors un mauvais écot. D'ailleurs, le prouvère porte un bel oison dont nous aimerions assez à goûter. Que vous en semble ?
— Il faut faire ce que tu dis là. »

Le prêtre, quand ils passèrent, leur dit en relevant par courtoisie le pan de son man-

Telle est la vérité, je sanglotais encore au moment où vous êtes arrivé. »

Ces paroles firent tomber la colère de Primaut : « Allons ! Renart, je veux bien vous croire, et ne garder de rancune que contre le prouvère dont j'emporte au moins, comme vous voyez, l'aube, l'aumusse, la chasuble, le fanon et la ceinture. Il en cherchera d'autres, quand il voudra chanter la messe à son tour.

— Or, savez-vous, dit Renart, ce qu'il y aurait à faire ? — Non. — Il faudrait demain porter ces vêtements à la foire et les y vendre, fût-ce au prouvère lui-même, s'il s'y présente. — Voilà qui est bien pensé, dit Primaut ; mais d'abord, reposons-nous, car je suis gravement meurtri et harassé. Quand nous aurons bien dormi, nous parlerons de la foire ; nous y porterons les habits, et nous en aurons, j'imagine, un assez bon prix. — Je le crois comme vous, répondit Renart, et qui sait si nous ne trouverons pas moyen de nous venger de ceux qui vous ont tant maltraité, pour vous punir de votre zèle au service de Dieu ? »

teau : « Dieu vous garde, beaux sires ! — Vous aussi, damp prêtre, et votre compagnie ! » Parlant ainsi, Renart regardait l'oison. « Quel vent suivez-vous, repartit le prêtre, et de quel pays arrivez-vous ? »

Renart : « Nous sommes des marchands anglais, et nous allons à la foire porter un assortiment complet de prouvère : l'aube, la chasuble de bel et bon samit, l'étole, l'amit, le fanon, la ceinture. C'est nous qui fournissons les chanoines de la prochaine église ; mais si vous en avez besoin, damp prouvère, nous vous donnerons la préférence, et nous vous laisserons le tout pour ce qu'il nous a coûté. »

Le prouvère : « Avez-vous tous ces habits avec vous ? »

Renart : « Oui, sire prouvère ; ils sont là, dans nos bagages, très bien serrés. »

Le prouvère : « Voyons-les, je vous prie. Je ne vais à la foire que pour en acheter : et si vous êtes raisonnables, je m'en accommoderai. »

Primaut : « Oh ! pour cela, vous serez content de nous. »

Primaut met alors sa charge à terre, et montre les habits. Le prêtre les examine. « Il n'est pas besoin, dit-il, de longues paroles, combien m'en demanderez-vous ? »

Primaut : « Je vous le dirai sans surfaire. Cédez-moi votre oison, et les habits sont à vous. »

Le prouvère : « Bien parlé, par ma foi ! J'y

consens ; prenez-le, et baillez-moi les vêtements. »

L'échange se fait aussitôt. Primaut prend avec joie l'oison, qui était gras et bien fourni. Il le met à son cou et détale au plus vite, sans même penser à prendre congé de Renart. Celui-ci de courir après, et de le rejoindre avec l'espoir d'être admis au partage. L'un suivant l'autre, ils gagnent la lisière du bois, peu soucieux des vilains qui, de temps à autre, leur barrent le passage ; et chemin faisant, ils riaient de bon cœur. Primaut surtout, de la sottise du prouvère, qui avait pu donner une si bonne bête pour quelques habits. Arrivés sous un grand chêne, Primaut mit l'oison à terre, et prenant les devants sur les réclamations de son compagnon : « En vérité, Renart, nous avons eu tort de ne pas demander au prouvère un second oison ; je suis sûr qu'il nous l'aurait donné. Tu sais que ce n'est pas pour moi que je parle ; seulement j'ai regret de voir que tu n'es pas aussi bien partagé que moi. »

Renart : « Comment ! sire Primaut, voudriez-vous me fausser compagnie et m'exclure du partage ? »

Primaut : « Le partage ? Pour cela, tu n'y penses pas ; eh ! que dirait mon patron, le bon saint Leu ? »

Renart : « Pourtant, vous aurez grande honte et vous ferez un péché mortel, si vous gardez tout pour vous. »

Primaut : « Voilà des paroles bien inutiles : ai-je besoin de tes sermons ? Si tu as faim, qui t'empêche de faire un tour dans le bois et d'y chercher ta proie, comme les autres jours ? »

Renart ne répond pas ; il sait qu'ici les reproches ne lui serviraient guère. Pour menacer et défier Primaut il faudrait être aussi fort que lui, et Renart se rend justice. Il aima mieux s'éloigner ; mais il était surtout fâché d'avoir trouvé son maître en félonie : « Damp Primaut, dit-il, vient de jouer mon personnage ; en vérité, je le croyais plus sot. Il m'a fait ce qu'on appelle la compagnie Taisseau [1]. J'aurais dû me méfier de cet odieux glouton. Mais s'il est vrai que je sache mieux leurrer qu'un bœuf ne sait labourer, je prends à témoin mes bons amis les bourgeois d'Arras que personne à l'avenir ne pourra se vanter, ô ma chère Hermeline, de faire repentir ton époux de sa bonne foi. »

1. Vers 1110, Robert, duc de Normandie, ayant été obligé de quitter Caen, le gardien de la porte principale de la ville, nommé Taisseau, arrêta l'un des principaux serviteurs du prince et le détroussa. Les gens de Taisseau firent comme lui, et tous les bagages du duc furent pillés.

Douzième aventure :

Comment l'oison ne demeura pas à qui l'avait acheté, et comment Primaut ne put attendrir Mouflart le vautour.

Retournons maintenant à Primaut qui se complaît à regarder l'oison, avant de le manger. Par où commencera-t-il ce repas délicieux ? Par les cuisses ? Non : la tête est plus délicate, et puis, s'il s'en prenait d'abord aux pattes, il n'aurait plus faim pour aborder les meilleurs morceaux. Comme il suivait ce raisonnement, sire Mouflart le vautour faisait dans les airs sa ronde accoutumée. Il aperçoit Primaut perdu dans la contemplation de son oison, et lui qui n'avait mangé de la matinée, profite de l'occasion, descend, avance les ongles et vous happe la lourde volaille. Primaut, à la rigueur, eût pu le prévenir ; mais il avait espéré du même coup retenir l'oison et l'épervier : il perdit l'un et l'autre. Quel ne fut pas alors son dépit ! Il suit Mouflart des yeux, il le voit se poser sur un chêne, et prenant alors l'air d'une honnête personne :

« Sire Mouflart, dit-il, cela n'est pas bien d'ôter aux gens ce qui leur appartient ; sur mon salut, je ne vous aurais pas traité de même. Tenez, ne nous querellons pas, cher ami ; descendez, faisons la paix ; vous découperez l'oison, et vous choisirez vous-même la moitié qui vous plaira le mieux. Ne le voulez-vous pas, mon bon Mouflart ?

— Non, Primaut, répond l'autre, ne l'espérez pas ; je garde ce que je tiens. A moi cet oison, à vous les autres que vous prendrez. Mais, si vous voulez, je dirai une patenôtre pour vous, mon bienfaiteur : car il faut en convenir, l'oie est excellente ; je n'en ai jamais mangé d'aussi tendre et d'aussi dodue. — Au moins laissez-m'en goûter. Une seule cuisse, de grâce ! — Vous n'y pensez pas, sire Primaut. Quoi ! vous voulez que je descende jusqu'à vous, pour le plaisir de partager ! Il faudrait être fou, pour mettre derrière son dos ce qu'on a dans les mains. Mais tenez, un peu de patience : quand j'aurai mangé les chairs, je vous jetterai les os. »

Primaut se résigna. Il attendit la chute de quelques bribes dont Mouflart ne voulait plus ; et cependant il sentait un vrai remords d'avoir fait à Renart le tour dont il avait si mal profité.

Treizième aventure :

Comment Renart eut vengeance de Primaut, et comment il le fit battre par les harengers.

Laissons là Primaut, pour revenir à Renart, qui cherche à se consoler de la perte de l'oison, et se bat les flancs pour trouver autre chose à mettre sous la dent. Mais, quand après avoir assez couru, il vit que le bois ne lui offrait pas grande chance de butin, il reprit le sentier qui conduisait au chemin de la foire, et regagnant les abords de la grande route, il résolut d'y attendre quelque aventure. Il n'était pas au guet depuis longtemps, quand il entendit venir une lourde charrette [1]. C'était des marchands de poisson qui conduisaient à la foire une provision de tanches et de harengs. Renart, loin de s'effrayer de leur approche, se vautre dans la terre humide, s'étend en travers du chemin, la queue roide, la pelisse toute blanchie de fange. Il se place jambes en l'air, dents serrées, balèvres rentrées, langue tirée et les yeux fermés. Les marchands en passant ne manquent pas de l'apercevoir.

« Oh ! regardez, dit le premier, par ma foi c'est un goupil. Belle occasion de payer avec sa peau l'écot de la nuit ! Elle est vraiment belle, on en ferait une bonne garniture de surcot ; je ne la donnerais pas pour quatre livres. — Mais, dit un autre, elle les vaut, et mieux encore ; il ne faut que regarder la gorge. Voyez comme elle est blanche ! Or, mettons-le dans la voiture, et dès que nous serons arrivés, nous lui ôterons ce manteau qui doit lui tenir trop chaud. »

Cela dit, on le lève, on le jette sur la charrette, on l'étend au-dessus d'un grand panier,

1. Ici, le lecteur va reconnaître le commencement de la Septième aventure, qui sera continuée au profit de Primaut.

on le recouvre de la banne, puis on se remet en route. Ce panier contenait pour le moins un millier de harengs frais. Renart, que les marchands ne surveillaient guère, commence par en savourer une douzaine ; puis la faim cesse et la satiété arrive. C'est le moment de penser à s'échapper ; et comme, tout en dévorant, il n'oubliait pas la félonie de Primaut, il avise un expédient qui va lui fournir un excellent moyen de vengeance. Il prend entre ses dents un des plus beaux harengs, joint les pieds, fait un saut et le voilà sur le pré. Mais avant de s'éloigner, il ne peut se tenir de gaber un peu les marchands : « Bon voyage, les vilains ! je n'ai plus affaire de vous et je vous engage à ne pas compter sur ma peau pour votre écot. Vos harengs sont très bons ; je n'en regrette pas le prix. A vous le reste, sauf celui-ci que j'emporte pour la faim prochaine. Dieu vous garde, les vilains ! »

Cela dit, Renart joue des jambes, et les harengers de se regarder confus et ébaubis. Ils le huent, ils le menacent ; peines perdues, il n'en presse pas d'un brin son allure. Il va le trot, le pas, l'amble ; à travers monts, bosquets, plaines et vallées, jusqu'à ce qu'il ait enfin regagné l'endroit où il avait laissé Primaut.

Primaut y était encore ; et il faut le dire à son honneur, il ne put, en revoyant Renart, s'empêcher de verser deux larmes de repentir. Il se lève même, va de quelques pas à sa rencontre, et quand il se trouve à portée, il le salue d'un air contrit. Pour Renart, il fait semblant de ne pas le voir. « Beau compain, dit Primaut, de grâce, ne me tenez pas rigueur. J'ai failli, je le reconnais ; mais je vous offre satisfaction : laquelle voulez-vous ? — Primaut, répondit Renart, au moins pourriez-vous bien vous dispenser de railler : si vous avez mangé seul le morceau que nous avions gagné de commun, c'est un trait de gloutonnerie qui doit vous suffire, sans que vous ayez besoin d'alléguer de méchantes excuses. Les occasions de vous amender ne manqueront pas, si vous les cherchez. — Ah ! Renart, je dis la vérité ; oui, je ressens un profond regret de vous avoir fait tort : Apprenez que je n'en ai de rien profité. Je me disposais à manger notre oison, quand tout à coup voilà Mouflart qui fond sur moi et le happe, sans me laisser le temps de le retenir. Le vilain l'a dit avec raison : entre la bouche et la cuiller il y a souvent grand encombre. J'essayai d'attendrir le vautour, peines perdues, il me répondit comme j'avais fait à vous, mon cher compain ! que je gâtais mon français, et que je ne mangerais que ses restes. N'ai-je donc pas bon sujet de me repentir de ne pas vous avoir donné part à l'oison ! mais, ami Renart, tout le monde n'est pas aussi sage, aussi honnête que vous : le fou doit faire des folies, heureux s'il a, comme moi, le repentir et la résolution de mieux agir une autre fois. Demeurons bons amis, croyez-moi, et ne parlons plus de ce qui est passé.

— Eh bien, soit ! dit Renart, j'oublie tout,

puisque vous le désirez ; mais je voudrais que votre foi fût engagée : promettez de me tenir loyauté, et je m'engagerai de même envers vous. » Tous deux alors tendirent les mains, en signe d'alliance. Mais Primaut seul était en résolution de tenir la parole donnée. Cependant, Primaut n'avait pas cessé d'être à jeun, et apercevant le hareng que Renart avait apporté : « Que tiens-tu là, compain, dit-il, entre tes pieds ? — C'est un hareng, un simple hareng : Je viens d'en manger tant que j'ai voulu, dans une charrette qui se rendait à la foire. — Ah ! compain, reprit Primaut, tu sais que depuis hier matin je n'ai rien mangé ! voudrais-tu bien me donner ce poisson ? — Très volontiers, dit Renart, le voici. » Primaut l'eut en un instant dévoré. « Ah ! le bon hareng, pourquoi n'est-il mieux accompagné ! hélas ! il n'a pu tout seul apaiser une faim telle que la mienne. Mais, ami Renart, de grâce, comment as-tu pu gagner ceux que tu as mangés ? — Voici toute l'histoire, répond l'autre. Quand je vis venir la charrette, je me couchai tout du long sur le chemin, faisant mine de mort. Les marchands crurent qu'il suffisait de me jeter sur leurs paniers pour être maîtres de ma peau. Alors je fis mon repas, puis en descendant j'emportai un hareng à votre intention ; car voyez-vous, Primaut, malgré votre mauvaise conduite, je vous aimais toujours. Mais maintenant, j'y pense : il ne tiendrait qu'à vous d'avoir la même aubaine ; seulement il faudrait courir après la charrette avant qu'elle n'arrivât à la foire. Vous savez comme j'ai fait, vous n'aurez qu'à recommencer. — Par saint Leu ! dit Primaut, tu es d'excellent conseil ; je cours après les marchands ; attends-moi ici, je reviendrai dès que j'aurai fait bonne gorge de leur poisson. »

Primaut se met aussitôt à jouer des jambes ; il atteint la charrette comme elle approchait de l'enceinte où se tenait la foire. Il la dépasse, ne perd pas de temps, se couche dans la voie et fait le mort comme Renart lui en avait donné la leçon. Les marchands l'ayant aperçu : « Ah ! crièrent-ils, le loup ! le loup ! allons à lui ; on croirait qu'il est mort. Voudrait-il nous jouer le même tour que le maudit goupil ? Nous allons voir. »

Tous les gens de la charrette arrivent du même pas autour de Primaut qui se garde de faire un mouvement, pendant qu'ils le tournent et retournent. « Il est bien mort ! dit l'un.

— Non. — Vraiment si, tête Dieu ! — Je vous dis qu'il en fait semblant. — Eh bien, ce bâton nous accordera. » On joue du bâton, Primaut souffre tout. Un des charretiers avait un énorme levier : il le fait tomber sur les reins du pauvre loup qui étouffe ses gémissements, résiste à la douleur et ne donne pas signe de vie. Pourtant le vilain surprend un soupir : aussitôt il tire un large coutelas dont il allait le frapper, mais Primaut juge à propos de ne pas l'attendre ; il fait un saut, renverse un de ses ennemis, et s'enfuit poursuivi par les huées de tous. Le voilà bien en colère, bien

Pourtant le vilain surprend un soupir : aussitôt il tire un large coutelas dont il allait le frapper...

enart lui faire une lippe de toute la longueur sa langue...

roué, bien battu ; il gagne avec peine la retraite où l'attendait son cher compain.

« Ah ! Renart, tu m'as trahi. — Comment, sire Primaut, n'avez-vous pas bien dîné des harengs ? — Il s'agit bien de dîner ; les poissonniers m'ont attaqué, battu, roué, peu s'en faut qu'ils ne m'aient assommé. Quel moment et quelle peur quand, après avoir eu les côtes brisées par un levier, je vis briller le coutelas dont on allait jouer sur mon cou ! C'est alors que j'ai cessé d'être mort et que j'ai rassemblé toutes mes forces pour échapper à ces maudits vilains.

— Ah ! les vilains ! reprit alors Renart en retenant une grande envie de rire, les voilà bien ! de vrais démons dont il ne faut pas même parler, tant on aurait de mal à en dire. Le vilain n'a pas d'amis, il n'a pitié de personne. Mais, sire compain, n'êtes-vous pas blessé ? en tout cas, remercions bien Dieu de vous avoir sauvé la vie. Reposez-vous, et puis nous irons voir si nous pouvons ailleurs trouver à manger ; car vous avez bien faim, n'est-ce pas ? — Hélas ! oui, répond Primaut, qui ne voyait pas Renart lui faire une lippe de toute la longueur de sa langue ; je ne sais de quoi je souffre le plus, de la faim ou des coups que j'ai reçus. »

Les deux amis s'étendent alors sur l'herbe fraîche ; Primaut en grommelant contre les vilains, Renart en prenant gaiement le temps, la tête enroulée dans ses pattes. C'est ainsi qu'il se laisse aller au sommeil du juste que ne trouble aucun regret et dont tous les vœux sont remplis.

Quatorzième aventure :

Comment Renart conduisit Primaut dans le lardier du vilain, et ce qui en résulta pour le vilain et pour lui.

Primaut, que la faim tourmentait, réveilla Renart avant le point du jour : « Compain, je meurs de faim, tu le sais ; apprends-moi donc où je pourrai trouver à manger. »

Renart se frotte les yeux, réfléchit un moment, puis : « Si vous tenez à faire un bon repas, il y a près d'ici une maison de ma connaissance qui vous en donnera tous les moyens. Elle appartient à un vilain, possesseur de quatre gros bacons : je sais par où l'on y peut entrer, et si vous voulez je vous y conduirai.

— Si je le veux ! dit Primaut, mais tout de suite, je t'en prie. Ne vois-tu pas que je grille d'être en face de ces bacons ? — Eh bien ! partons. »

Arrivés devant la maison, Renart commence par faire l'examen des portes et des fenêtres : elles étaient toutes closes, et la mesgnie du vilain dormait encore. Renart se souvient d'un jeu qu'il avait fréquemment essayé. Il y avait, du côté opposé à la porte, dans le courtil, une

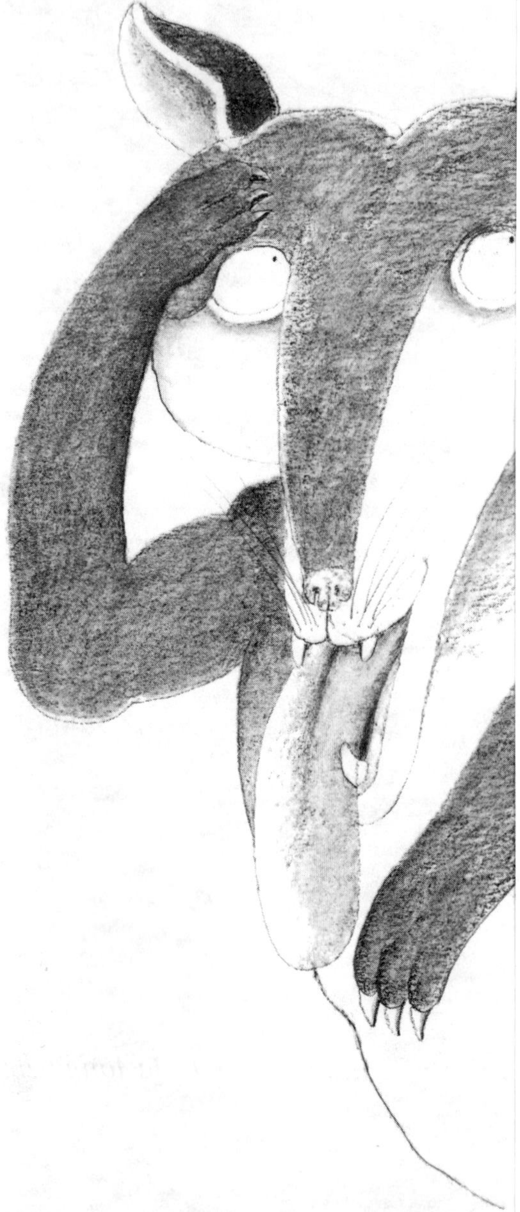

Renart lui faire une lippe de toute la longueur de sa langue...

ouverture étroite : il y conduit Primaut, passe le premier et invite à le suivre son ami. Primaut eut toutes les peines du monde à passer ; mais la faim avait effilé son ventre et lui donnait une ardeur singulière ; les voilà dans la maison. Ils arrivent au lardoir, ils découvrent les bacons. « Maintenant, soyez content, sire compain, dit Renart ; jamais vous n'aurez plus belle occasion d'apaiser votre faim. » L'autre, au lieu de répondre, tombe sur les jambons, les dévore et n'en aurait pas même offert à Renart, si celui-ci n'eût pris ses précautions d'avance. Mais comme il n'oublie pas qu'on peut les surprendre, il avertit Primaut de se hâter. « Je suis prêt à partir, répond l'autre, mais j'ai tant mangé que je marche avec difficulté. »

En effet, sa panse était devenue plus large que son corps n'était long. Clopin-clopant, ils reviennent au pertuis que Renart passa sans trop de peine ; mais il en fut tout autrement de Primaut. Le ventre qu'il rapportait opposait une résistance inattendue. « Comment faire, disait-il, comment sortir de là ? — Vous avez quelque chose, frère ? dit doucement Renart. — Quelque chose ? J'ai que je ne puis repasser outre. — Repasser ? vous voulez rire sans doute. — Je te dis, par mes dents, que je ne puis sortir. — Voyons, essayez d'avancer la tête et de pousser. »

Primaut suit le conseil qu'on lui donne ; Renart le prend alors aux oreilles, tire le plus fort qu'il peut, jusqu'à lui mettre le cuir en écharpe. Mais il a beau tirer de haut, de bas, de côté, tout est inutile, le ventre résiste toujours. « Essayons un autre moyen, dit Renart, car le jour ne tardera guère ; le vilain peut venir, et s'il nous trouvait là... Attendez-moi, compain, j'y suis ; je vais chercher à vous tirer de ce mauvais pas. » Il court aux bois tailler une branche dont il fait une hart, et revenant à Primaut : « Il faut maintenant pousser et tirer de toutes vos forces, car pour rien au monde je ne vous laisserai en pareil danger. »

Et ce disant, après avoir passé la hart dans le cou de Primaut, il s'appuie d'un côté à la paroi du mur et tire de l'autre de façon qu'une partie du corps se trouve engagée comme la tête ; il ne cesse de répéter avec componction : « Saint-Esprit, aidez-nous ! Faudra-t-il laisser ici mon compain, mon ami ! Non, assurément. » Du col au sommet de la tête il enlève et rebrousse la peau du pauvre Primaut ; vaincu par la douleur, le patient jette un long cri, le vilain s'éveille et sort du lit, voilà qu'il accourt à toutes jambes.

« Laisse-moi, laisse-moi, Renart ; j'aime mieux essayer de rentrer dans l'enclos pour me défendre du vilain. » Renart ne le fait pas répéter, il s'éloigne, à peu près certain qu'enfin son cher ami ne se tirera pas de là.

Primaut eut pourtant la force de débarrasser son avant-corps, comme le vilain arrivait tenant une chandelle d'une main, un tronçon de lance de l'autre. Il essaie d'esquiver le coup, mais il n'y parvint qu'à demi ; de bonheur, la chandelle s'éteint. Primaut, dont l'œil est meilleur que ceux du vilain, en profite pour revenir sur son ennemi et pour le saisir comme il tentait de ranimer les dernières lueurs. Le vilain, violemment mordu vers la partie basse du dos, pousse un long cri de détresse : « A moi ! bonnes gens ; au secours ! » Sa femme l'entend la première ; elle se lève, prend sa quenouille, arrive sur le lieu du combat et s'en vient frapper d'une main débile le cuir du loup. Vains efforts, Primaut garde sa proie. Il fallait alors entendre les clameurs des deux époux : « Au meurtre ; au voleur ! on m'étrangle ! on me tue ! les diables m'emportent ! » et cent malédictions. La femme se décide à ouvrir la porte du courtil, dans l'espoir d'obtenir secours du dehors. Le loup profite de l'occasion, serre les dents, emporte un morceau du gras de la cuisse du vilain et gagne les champs à toutes jambes ; car le danger lui avait rendu ses forces et son agilité.

Il retrouve dans le bois Renart, qui, réellement chagrin de le voir, semble l'être des épreuves que son compain vient de subir. « Allons, dit Primaut, le mal n'est pas aussi grand qu'il pouvait l'être : je m'en suis tiré ; et si tu veux manger à ton tour, je t'apporte de la chair de vilain : il n'est rien de tel ; quant à moi, je la préfère à celle du porc. — Je pense autrement que vous, répond Renart ; par l'amour que je porte à mon fils Malebranche, la chair de vilain, qu'elle soit blanche ou noire, sera toujours de vilain : je n'y voudrais toucher pour rien au monde, je me croirais à jamais souillé. »

Quinzième aventure : Comment Primaut fut de nouveau gabé par Renart, et comme il fut, par beau miracle, retenu sur le tombeau d'un saint martyr.

« Mais, poursuivit Renart, je sais une chose meilleure que chair de vilain. Près de l'endroit où nous sommes, au-delà de la haie qui ferme ce plessis, une longue troupe d'oies grasses pourraient être à nous, si nous le voulions. — Où sont-elles ? allons-y, mais n'y a-t-il pas danger ? — Non : elles sont gardées par un seul paysan. — Cela suffit, dit Primaut, et j'y cours. Je veux en rapporter une ou deux, et cette fois nous les mangerons ensemble. — Bon voyage donc ! sire compain » ; et Renart demeure, en espérant que son cher ami va courir à de nouvelles mésaventures.

En effet, Primaut arrive au milieu de la bande d'oies, et d'abord tout lui réussit. Il jette son dévolu sur la plus grasse, fond sur elle et déjà la ramenait, quand le pâtre retournant du bois l'aperçoit et lance sur lui les deux mâtins qui l'accompagnent. Le chemin lui étant ainsi fermé, Primaut se résigne à lâcher sa proie, non sans avoir reçu de légères atteintes de la dent canine. Il revint à Renart plus vite qu'il n'était parti, mais cette fois de fort mauvaise humeur.

« Par le corbleu ! Renart, dit-il en arrivant, voilà trop longtemps que tu me honnis et me gabes. Tu n'avais rien à attendre de ma mort, mais tu pourras bien te repentir de l'avoir voulu préparer. Ah ! je le vois maintenant : quand tu me faisais sonner les cloches, c'était pour appeler le prouvère ; quand tu m'envoyais aux marchands de harengs, c'était pour me faire assommer ; quand tu me montrais le chemin du lardoir, c'était pour laisser au vilain ma peau en gage ; tu m'indiquais tout à l'heure une bande d'oies, et tu comptais sur les chiens pour me faire déchirer. Maître fourbe ! vous êtes trop malin ; je vais une bonne fois payer toutes mes dettes. »

Il lui pose alors sa furieuse patte sur le museau ; Renart fait un mouvement de côté, mais se sentant arrêté : « Sire Primaut, dit-il, vous abusez de votre force : les grands ne peuvent sans péché accabler ainsi les petits. J'irai me plaindre au roi, à la reine, à tous les pairs. Mais de grâce, au moins, écoutez ; vous verrez que je n'ai pas mérité votre colère. — Non, non ! point de pardon pour le traître, le félon, le scélérat ; tu ne mourras que de ma main. — Mais encore ! songez-y bien, sire Primaut, si vous me tuez, vous aurez affaire à bien du monde. J'ai des fils, vous le savez ; j'ai des parents, de puissants amis ; il vous faudra compter avec eux ; et quand on saura que vous m'avez surpris à l'écart, assassiné, vous serez jugé à mort ou vous abandonnerez le pays. » Toutes ces paroles ne font qu'ajouter à la rage de Primaut.

Il saisit Renart par la nuque, le terrasse, le foule aux pieds, lui marche sur le ventre et le couvre de morsures. Renart meurt déjà de la peur de mourir. Rassemblant alors toutes ses forces : « Merci ! damp Primaut : je jure, et c'est ma dernière confession, que je n'avais jamais cherché à vous nuire. » Ces mots arrêtent subitement la colère de Primaut. Le doute commence à s'emparer de lui : « Si pourtant Renart n'avait rien à se reprocher ! » Renart voit l'effet de ses dernières paroles, il poursuit d'un ton plus élevé : « Oui, j'en atteste les reliques, j'ignorais que les oisons fussent sous la garde des chiens. Non, je n'ai pas fermé les portes de l'église ; non, je n'ai pas deviné que les harengers vous traiteraient plus mal que moi. J'implore justice, et j'adjure ma femme et mes enfants d'aller demander au roi vengeance de ma mort. »

Primaut ne frappait plus, il réfléchissait aux suites de cette affaire. « Allons ! Renart, je te laisse la vie, je veux tout oublier. Lève-toi, tu n'as plus rien à craindre de moi. — M'est-il bien permis de le croire ? — Oui, je te pardonne. — Et qui m'en assurera ? — Si tu veux, j'en ferai serment. — Oui, je le veux. — Eh bien ! soit. Indique-moi le moutier dont je prendrai les saintes reliques à témoin. — Il en est un assez voisin ; si vous le désirez, je

Il saisit Renart par la nuque, le terrasse, le foule aux pieds, lui marche sur le ventre et le couvre de morsures...

vaillants soudoyers ; si tu voulais en augmenter le nombre, tu ne t'en trouverais pas mal, car je prétends lui donner assez de besogne avant d'accepter la moindre trêve. Bien maladroit celui qui ne trouvera pas avec nous l'occasion de gagner un riche butin. »

Tybert fut charmé du tour que la conversation avait pris. « Sire, dit-il, vous pouvez compter sur moi, je ne vous ferai pas défaut. J'ai de mon côté un compte à régler avec Ysengrin, et je ne désire rien tant que son dommage. » L'accord fut bientôt conclu, la foi jurée, et Tybert accepta les soudées de Renart pour une guerre dont il ignorait la cause et qui n'était pas déclarée. Les voilà faisant route chacun sur son cheval (*car notre poète fait volontiers voyager ses héros comme nobles gens de guerre*) ; en apparence les meilleurs amis du monde, mais au fond disposés à s'aider de la trahison dès que l'occasion s'en présentera.

Tout en chevauchant, Renart avise, au beau milieu de l'ornière qui bordait le bois, un fort collet tendu dans une souche de chêne entrouverte. Comme il prenait garde à tout, il l'esquiva ; mais l'espoir lui sourit de voir Tybert moins heureux. Il s'approche de son nouvel homme d'armes et lui jetant un ris : « Je voudrais bien, mon cher Tybert, lui dit-il, éprouver la force et l'agilité de votre cheval : sans doute on peut le recevoir dans les montres, mais je voudrais en être sûr. Voyez-vous cette ligne étroite qui longe le bois ; élancez-vous bride abattue droit devant vous ; l'épreuve sera décisive. — Volontiers », répond Tybert, qui soudain prend son élan et galope. Mais arrivé devant le collet, il le reconnaît à temps, recule de deux pas et passe rapidement à côté. Renart le suivait des yeux. « Ah ! Tybert, votre cheval bronche, il ne garde pas la voie. Arrêtez-vous, et recommençons ! » Tybert, qui ne doutait plus de la trahison, ne fait pas de difficulté. Il reprend du champ, pique des deux, arrive une seconde fois devant le collet, et saute une seconde fois par-dessus avec la même légèreté. Renart comprend que sa malice est découverte ; mais sans se déconcerter : « Vraiment, Tybert, j'avais trop bien jugé de votre cheval : il vaut moins que je ne pensais ; il se cabre, il se détourne, il ne sera pas reçu par le maréchal de mon ost, et vous n'en tirerez pas un grand prix. » Tybert s'excuse du mieux qu'il peut ; mais pendant qu'il offre de faire un troisième essai, voilà deux mâtins qui accourent à toutes jambes et donnent des voix en apercevant Renart. Celui-ci, dans son trouble, oublie le collet dont il se rapproche pour se perdre dans le bois ; mais Tybert, moins effrayé, saisit l'occasion, et simulant une égale terreur, se jette sur Renart qui, pour se retenir, avance le pied gauche justement sur le collet. La clef qui tendait le piège tombe, la large fente se referme, et c'est messire Renart qui se trouve pris. Voilà Tybert au comble de ses vœux ; car il croit être bien sûr que son compagnon ne s'en tirera pas : « Demeurez, lui dit-il, demeurez, mon seigneur Renart ; ne vous inquiétez pas de moi, je saurai me réfugier en lieu sûr. Mais ne l'oubliez pas une autre fois : à trompeur, trompeur et demi ; ce n'est pas à Tybert que Renart doit se prendre. »

Disant ces mots il s'éloigne, car déjà les chiens étaient acharnés sur Renart. Averti par leurs abois, le vilain accourt qui avait disposé le collet. Il lève sa lourde hache : qu'on juge de l'épouvante de Renart ! Jamais il n'avait vu la mort de si près. Par bonheur, la hache tombe à faux, rouvre le piège, et Renart, délivré par celui qui devait le tuer, prend le large, disparaît dans la forêt sans que les cris du vilain, le glapissement désespéré des chiens soient capables de lui faire tourner la tête. Vainement est-il poursuivi ; il sait leur donner le change et quand il fut délivré de ce danger extrême, il s'étend presque inanimé sur le revers d'un chemin perdu. Peu à peu la douleur des blessures dont il était couvert lui fait reprendre ses esprits : il s'étonne d'avoir pu si longtemps courir, et tout en léchant ses plaies, en étanchant le sang qui en sortait, il se rappelle avec épouvante et dépit la coignée du vilain, le mauvais tour et les railleries de Tybert.

Dix-septième aventure :

Comment Renart et Tybert, redevenus bons amis, font la découverte d'une andouille que Tybert emporta et que Renart ne mangea pas.

Vous avez vu comment Renart avait à grand-peine tiré sa jambe du terrible piège. Quand il eut un peu dormi d'un sommeil agité, il se remit tristement en chemin, clochant du pied et pressé d'une faim cruelle. Tybert le croyait bien mort, quand il le vit arriver à lui, la queue basse, l'œil doux et bienveillant. Ce n'est pas qu'à la vue de celui qui l'avait si bien joué, le sang ne lui frémît violemment ; mais, pour assurer sa vengeance, il sentit qu'il fallait se contraindre.

« Eh ! Tybert, quel vent vous mène, lui dit-il en le voyant fuir ; là ! là ! ne courez pas si vite. Laissez-moi vous dire quelques mots : avez-vous oublié la foi jurée ? Si vous pouviez me supposer la moindre rancune, vous seriez dans une grande erreur. A Dieu ne plaise ; j'ai repris ce chemin, uniquement dans l'espoir de vous rejoindre, comme mon féal chevalier. » A ces paroles doucement prononcées, Tybert ralentit le pas ; il s'arrête même, en prenant soin toutefois de bien préparer ses ongles. Pour Renart, épuisé de faim et de fatigue, il était encore moins disposé que la veille à engager une lutte ouverte. « En vérité, mon cher Tybert, dit-il, le monde est bien méchant : on n'y connaît plus de charité ; on ne songe qu'à tromper les autres, comme si la mauvaise foi n'était pas toujours punie. Je vous dis cela pour ce grand sermonneur, le compère Ysengrin, qui tout nouvellement est entré dans les ordres : j'apprends qu'il vient d'être surpris par celui qu'il voulait prendre, et son exemple m'a fait ouvrir les yeux. Je ne veux pas être traité comme lui ; jamais les méchants n'ont fait une bonne fin, et je sais trop bien, d'ailleurs, ce qu'il en coûte de ne pas avoir de véritable ami. Vous, par exemple, Tybert, pour qui j'ai toujours ressenti une affection particulière, quand vous m'avez cru mort, vous avez décampé. Non que vous ayez ri de mon malheur ; je ferais mauvais parti à qui vous en accuserait, puisqu'il y avait entre nous foi jurée ; mais, dites-moi bien la vérité, cher Tybert : vous avez eu, n'est-ce pas, un grand chagrin de cœur en me voyant arrêté dans le piège, quand les chiens s'attachaient à mes flancs et que le vilain levait sur moi sa coignée ? Il croyait me tuer du coup, et du coup il me délivra, si bien que j'ai, grâce à Dieu, conservé ma peau. — J'en ai vraiment de la joie, dit Tybert. — N'est-ce pas ? J'en étais sûr : bien que vous ayez peut-être un peu aidé à me pousser dans ce vilain piège, ce que je vous pardonne et de grand cœur. Seulement je dis, non pour vous en faire un reproche, que vous auriez pu agir un peu plus charitablement. N'en parlons plus ! »

vous ivre ? je ne le ferais pas pour cent livres. Oui, l'andouille est un symbole de foi et c'est pour cela qu'on ne peut mieux la manger que sur croix ou dans l'église. On doit y mettre une grande révérence. — Mais, dit Renart, il n'y a pas de place pour deux sur votre croix ; vous le savez, chevalier déloyal. Vous m'avez engagé votre foi, allez-vous déjà me fausser compagnie ? Quand deux amis sont ensemble, s'ils viennent à trouver fortune, ils sont tenus de partager ; faites donc là-haut le partage de l'andouille et jetez ma part ; j'en prends le péché sur moi. — En vérité, répond Tybert, vous êtes pire qu'un hérétique ; vous voulez que je jette ce qu'on doit tenir avec le plus grand respect ! Il faudrait que le vin m'eût bien monté à la tête pour aller ainsi contre la foi ; car enfin, je le répète, c'est une andouille, une chose qu'il faut garder entre les doigts. Ecoutez-moi : si vous m'en croyez, pour cette fois vous vous en passerez ; mais la première que nous trouverons, je vous le promets, elle sera vôtre. — Au moins, Tybert, laisse tomber quelques miettes de celle-ci ! — Non, vous êtes trop glouton ; eh quoi ! ne pouvez-vous attendre qu'il en arrive une autre, meilleure peut-être ? » Il n'en dit pas davantage et se mit à manger l'andouille.

A cette vue, le cœur de Renart se gonfle, ses yeux se mouillent. « Je vois avec plaisir, dit Tybert, que vous pleurez vos anciens péchés ; Dieu, témoin de votre repentir, vous en donnera le pardon. — C'est trop fort, en

... dresse les pieds, et grâce à ses ongles, grimpe aisément sur les bras de la croix. Il s'y arrête en ronronnant...

vérité ! s'écria Renart écumant de rage, tu me le paieras cher ; car il faudra bien que tu descendes, ne serait-ce que pour aller boire. — Quant à cela, Renart, Dieu y a pourvu. Il a pratiqué dans la croix un trou où s'est conservée l'eau de la dernière pluie. Il y en a plus qu'il n'en faut pour apaiser ma soif. — Il faudra pourtant que tu descendes. — Ce ne sera pas aujourd'hui. — Eh bien ! ce sera dans un mois, dans un an. — Vous resterez à m'attendre ? — Oui ! fallût-il rester sept ans. — Vous en feriez serment ? — Oui ! je jure de ne pas quitter cette croix avant que tu n'en descendes. — Vous savez que c'est se damner que d'être parjure. — Oh ! je ne le serai pas ; et pour m'engager davantage, je le jure sur la croix. — Vous m'affligez, Renart ; car enfin vous êtes à jeun, et demeurer sept ans ici sans rien trouver à mettre sous la dent, cela vous semblera bien cruel. Mais comme vous l'avez juré... — Tais-toi ! — Oh ! je le veux bien, cela me permettra d'achever mon excellent repas. »

Damp Renart ne tint pas longtemps le serment qu'il avait prononcé. Un mâtin, qui avait flairé ses pistes, donna des voix, puis les brachets et les veneurs. « Quel est ce bruit ? dit-il avec émotion. — Attendez et ne bougez pas surtout, dit Tybert : c'est une agréable mélodie, présage de l'arrivée d'une charmante société qui vient ici prendre ses ébats. Ils vont chercher une messe dans le voisinage, et vous serez là bien à propos, car je crois me souvenir que vous avez été prêtre. »

Renart ne trouva pas sa présence aussi nécessaire dans l'assemblée. Il se leva et comme il gagnait le large : « Mon Dieu, lui dit Tybert, qu'allez-vous faire ! et votre serment, Renart, l'avez-vous oublié ? Songez que vous en rendrez compte au Jugement dernier. Pourquoi vous effrayer ? Je suis au mieux avec les chiens ; s'il le faut, je leur donnerai pour vous mon gage. » Renart ne l'écoutait plus, il était loin quand les chiens arrivèrent. Cependant, tout en courant de son mieux, il maugréait le perfide Tybert et se promettait de le poursuivre jusqu'à la mort.

Dix-huitième aventure :

Comment deux prouvères chevauchaient allant au synode ; comment ils firent rencontre de Tybert et comment Tybert rentra dans le presbytère, monté sur le palefroi.

Ici l'histoire nous ramène à Tybert. Satisfait de s'être approprié l'andouille, peu soucieux des projets de vengeance de damp Renart, il commençait à fermer voluptueusement les yeux, quand vinrent à passer deux prêtres devant la croix qui l'avait si bien servi. Ils se rendaient au synode ou convocation épiscopale. L'un montait une vieille jument, et l'autre conduisait un palefroi doucement amblant. Le prêtre à la jument dit le premier : « Venez donc, compain ; quelle bête voyons-nous là ? — Arrêtez, étourneau que vous êtes, dit l'autre, c'est un magnifique chat sauvage, et je serais plus content qu'un roi si je pouvais l'attraper. Sa peau défendrait mon chef du froid, j'y taillerais facilement un grand et bon chaperon ; Dieu, connaissant le besoin que j'en ai, me l'a sans doute envoyé. C'est bien votre avis, n'est-ce pas, Turgis ? Pour n'en rien perdre, je veux y laisser la queue : elle donnera au chaperon meilleur air, elle tombera plus agréablement sur la nuque. Voyez comme elle est grande et bien fournie ! — C'est fort bien, répond l'autre ; mais vous ne parlez pas de la part qui m'en revient. — Votre part ? Eh ! ne voyez-vous pas, maître Turgis, que j'ai besoin de la robe entière ? ainsi vous me la laisserez. — La laisser ? pourquoi, s'il vous plaît ? Suis-je de votre hôtel ? avez-vous jamais rien fait pour moi ? — La peste soit de vous ! dit Rufrangier ; des ladres on ne doit rien attendre. Partageons donc, j'y consens. Mais le moyen ? — Je vais vous le dire : vous désirez en faire un chaperon, n'est-ce pas ? eh bien, nous la donnerons à priser, et vous me paierez moitié de la valeur. — Faisons mieux encore, dit Rufrangier ; car je veux toute la bête : allant de compagnie au synode, nous devons prendre hôtel et manger, durant le voyage : je propose de payer double écot, mais à la condition que vous céderez votre part du chat. — Ne disputons pas, répond Turgis, j'y consens. — Il ne s'agit plus

Dix-neuvième aventure :

Comment Roussel et Tybert, Blanche et Fremont jouaient aux marelles, et comment Renart mangea l'andouille.

Un jour, Renart atteignit, au bout de grands terrains en friche, un champ nouvellement moissonné qui lui parut fort convenable pour y sommeiller, doucement couché dans une meule de foin. Le jour commençait à poindre quand il se réveilla : à peu de distance il aperçut, sur le bord du sentier, une croix ombragée d'un sapin ; on l'avait dressée pour conserver la mémoire d'un ancien meurtre. Les parents de la victime avaient creusé pieusement la fosse de celui qu'ils voulaient honorer, et sur la terre qui recouvrait le corps ils avaient étendu une grande pierre taillée, avec la croix posée en chef et le sapin en pied. Les bergers du pays s'arrêtaient souvent et se rassemblaient en ce lieu, et même, avec la pointe de leurs couteaux, ils avaient tracé sur la pierre un marellier.

De l'endroit où il était, Renart put distinguer aisément autour du jeu quatre personnages : c'était Fremont la fourmi, Blanche l'hermine, Tybert le chat et Roussel l'écureuil. Tous quatre voyageant de compagnie avaient fait rencontre d'une andouille parfaitement ficelée. Qui l'avait perdue et d'où venait-elle ? ils ne s'en inquiétèrent pas, mais bien de savoir comment ils la partageraient. Elle était gonflée par le milieu, mince et fluette par les extrémités ; de là, grande difficulté de donner autant à l'un qu'à chacun des autres. Après de longs pourparlers, ils avaient jeté les yeux sur la pierre tumulaire, et ils étaient convenus de jouer leur andouille aux marelles.

Ils s'étaient placés, Blanche et Fremont d'un côté, Roussel et Tybert de l'autre ; ces deux derniers rapprochés pour se surveiller mutuellement et prévenir la tricherie d'une ou d'autre part. Comme ils étaient tout au jeu et qu'on ne pouvait dire encore lequel gagnerait, voilà que Baudouin l'âne, en traversant avec sa charge le sentier, détourna la tête vers eux et bruyamment leur cria : « Voici Renart, bonnes gens, sauvez-vous ! » Aussitôt on eût vu les joueurs tirer au large ; Tybert, plus adroit, prend son temps, met la patte sur l'andouille, et grimpe sur la croix avec elle. Ce fut l'affaire d'un instant ; vienne maintenant qui voudra, Tybert ne craint roi, ni comte, ni goupil.

Renart arrivait en effet. Son premier coup d'œil fut pour Tybert qui d'un air insouciant se détourne et, la queue dressée, lui présente nonchalamment le dos. « Eh ! je ne me trompe pas ; c'est toi, mon cher Tybert ! » L'autre revenant sur lui-même : « Oui. Et d'où viens-tu, mon petit Renart ? — Du bois voisin, mon cousin. Mais pourrait-on savoir pourquoi tu as grimpé si haut ? — Pour plus grande sûreté. — Tu as donc peur de quelqu'un ? — Mais oui. — De qui ? — De toi, par exemple. — La

Vingtième aventure :

De la chevauchée de Renart et de Tybert dans la maison d'un vilain, et comment Tybert y dut laisser sa queue en gage.

Un beau jour de printemps, autour de l'Ascension, damp Renart, sortant de Maupertuis très affaibli par une longue diète, fit rencontre de Tybert auquel il adressa le premier parole. « Mon bel ami, puis-je savoir quel heureux vent vous amène ici ? — Assurément ; j'allais rendre visite à un vilain dont l'enclos se trouve à peu de distance. Le vilain est marié, sa femme dispose de tout ; elle a serré dans sa huche un grand pot de lait, je veux savoir quel goût il a. Allons ensemble, sire Renart, je vous montrerai comment on peut entrer au logis ; mais j'y mets une condition, c'est que vous engagerez votre foi de me tenir bonne et loyale compagnie, et de ne venir qu'après moi. Il y a là force chapons et gelines, je n'y prétends rien. — Soit ! répondit Renart, je prends l'engagement de te suivre et de ne rien prétendre avant toi de ce qui pourra nous convenir à tous deux. »

Ils pressent alors le pas. Arrivés devant la haie, ils se trouvent en présence d'un pieu rompu qui déjà plus d'une fois avait livré passage à Tybert ; bientôt ils furent dans l'enclos. Renart flairait déjà le gelinier et se dirigeait de ce côté, mais Tybert l'arrêtant : « On ne réussit que par adresse et prudence : le vilain dort, l'attaque du gelinier peut le réveiller, et dès lors il faudrait faire retraite. Allons à la huche, nous l'ouvrirons sans danger, les chapons viendront ensuite. » Ce raisonnement ne persuadait pas Renart.

« Ecoute-moi donc, reprend Tybert, si tu vas d'abord aux poules, les chiens pourront te sentir, te donner la chasse et te mordre : j'en aurais du chagrin, car cela nuirait à mes intérêts. Faisons mieux : allons d'abord au lait, il en restera pour toi, je t'assure. — J'ai promis de te suivre, répond Renart que le lait tente bien un peu ; allons à la huche. »

Tybert montre le chemin, entre dans la maison, et désignant le grand coffre à son compagnon : « Soulève le couvercle, ami Renart, afin que j'y puisse entrer le premier : tu sais nos conventions. » Renart fait ce qu'on lui dit ; Tybert passe la tête, le corps, la queue ; il se met à l'œuvre et lape le lait avec recueillement. Renart soutenait le couvercle, mais la vue du lait le faisait geindre et frémir de convoitise. La langue lui brûlait en voyant Tybert humer avec tant de plaisir. « Ah ! Tybert, tu te trouves bien là, il me semble ; tu as tout ce que ton cœur voulait. Maintenant, sois bon compain ; remonte, car, par saint Denis je suis fatigué de soulever ce pesant couvercle, et je n'aurai pas la force de continuer. Remonte, mon cher Tybert, mon bon Tybert !... »

L'autre, préoccupé de son lait, ne perdait pas le temps à répondre. Vainement Renart accumulait les douces suppliques : « Bel ami, hâte-toi, de par Dieu ! je n'en puis plus ; je vais laisser retomber la huche. » Toutes les paroles étaient inutiles, Tybert huma tant qu'il en eut jusqu'aux grenons, et bien plus : soit avec intention, soit par mégarde, il renversa le pot et répandit tout le lait qu'il n'avait pu boire. « Ah ! dit Renart furieux, voilà qui est mal, Tybert. Cela est pire que si tu m'avais griffé, mordu, moi ton seigneur. Mais enfin sortiras-tu ? — Mon Dieu ! compain, attends un peu. — Je n'attends plus une seconde. » Tybert alors se décide à faire un saut vers l'ouverture ; mais Renart, justement comme il voit passer la tête et le corps, se retire et la queue du pauvre Tybert demeure si fortement prise qu'il fallut en laisser la moitié en gage. La douleur lui arracha alors un violent cri ; il resta près de la huche, immobile et les yeux flamboyants.

« Comment te trouves-tu, mon bon Tybert ? lui dit alors Renart de sa voix la plus caressante. — Ah ! mauvais compain, tu m'as servi de ton plat ordinaire ; tu m'as fait laisser la plus chère partie de moi-même. — Peux-tu m'accuser d'un malheur qui est ton ouvrage ! C'est toi qui prenant trop d'élan as fermé la huche, sans qu'il fût possible de la retenir ouverte. Mais après tout, de quoi te plains-tu ? tu devrais être rempli de joie d'avoir quelques pouces de queue de moins ; tu en seras plus léger, moins embarrassé. Pense à l'avantage de ne plus rien traîner après soi qui vous arrête. Tu ne faisais rien de cette queue ; ma foi ! je voudrais bien que pareille chose m'arrivât.

— Damp Renart, damp Renart, dit le pauvre Tybert, vous savez gaber mieux que personne ; mais laissons cela et, dès ce moment, renonçons à la société que nous avions faite. Aussi bien, sans ma queue ne puis-je tenter de grandes entreprises. Je crois ouïr du bruit près de nous, les chiens apparemment sont éveillés ; laissez là les gelines, et dans tous les cas je vous quitte, nous ne sommes pas faits pour aller longtemps de compagnie.

— Eh bien ! soit, dit Renart ; j'en conviens, nous n'avons rien à gagner l'un avec l'autre. Je te rends ta foi, et je ne te devrai pas de soudées. Adieu ! Nous pourrons nous revoir ailleurs.

— Oui, dit Tybert en le quittant, nous nous reverrons ; mais à la cour du roi. »

Vingt et unième aventure :
De l'arrivée de Renart chez la dame Hersent durant l'absence d'Ysengrin, et comment la guerre prit commencement entre les deux barons.

A quelque temps de là, Renart se trouva devant un amas de branches entrelacées qui formaient une haie et dissimulaient l'entrée d'un souterrain. Il franchit la haie, découvrit l'ouverture et, soit par un mouvement de curiosité, soit dans l'espoir d'y trouver à prendre, il descendit et n'eut pas de peine à reconnaître la demeure de son bel oncle Ysengrin. Le maître était sorti, dame Hersent, nouvellement relevée de couches, allaitait et léchait ses louveteaux. Comme elle avait déposé son chaperon, le soleil vint la frapper au visage quand Renart ouvrit la porte ; cela lui fit regarder qui venait ainsi lui rendre visite.

Pour Renart, la crainte d'un mauvais accueil le décidait à demeurer immobile derrière la porte ; mais Hersent l'avait reconnu tout de suite à sa robe rousse. « Ah ! dit-elle en riant, c'est donc ainsi, damp Renart, que vous venez épier les gens ? » L'autre se tait et ne fait pas un geste ; sans doute il comptait sur l'obscurité de la salle pour donner le change à la dame. Hersent l'appelle une seconde fois par son nom et lui fait même du petit doigt signe d'approcher. « J'aurais bien des reproches à vous adresser, damp Renart ; mais je vois que vous ne voulez rien faire pour m'être agréable. En vérité, jamais on n'a traité sa commère aussi mal que vous faites. » Ces paroles dites d'un ton caressant rendirent confiance à Renart. « Madame, dit-il, j'en prends Dieu à témoin, ce n'est pas de mon gré que j'ai cru devoir éviter de vous rendre visite pendant vos couches ; bien au contraire : mais Ysengrin, vous le savez, me cherche noise et m'épie constamment par monts et par vaux ; pourquoi m'a-t-il ainsi pris en haine, je l'ignore, ne lui en ayant jamais donné la moindre occasion. Ne prétend-il pas que je vous aime et que je cherche à prendre sa place ici ? Il n'est pas un de vos voisins qui ne lui ait entendu raconter que vous aviez de l'amour pour moi, et qu'il s'en vengerait un jour ou l'autre. Et pourtant, vous savez si je vous ai jamais dit un seul mot qui ne fût pas convenable. A quoi pourrait-il servir de prier d'amour une grande dame qui ne manquerait pas d'en rire à nos dépens ? »

Ces paroles, Hersent les écoute avec une colère mêlée de dépit : « Vraiment, on parle de moi chez nos voisins ! Le vilain dit : *Tel appelle sa honte qui pense à la venger.* Je puis le dire hautement ; jusqu'à présent je n'ai pas eu de pensée mauvaise : mais puisque Ysengrin m'accuse, je veux lui donner raison ; et dès aujourd'hui, Renart, j'entends que vous soyez mon ami. Comptez toujours sur mon bon accueil, j'engage ma foi d'être entièrement à vous. » Renart, charmé de si bonnes paroles, ne se les fit pas répéter. Il s'approcha de dame Hersent, la pressa dans ses bras, et les nouveaux amants firent échange des promesses les plus tendres. Mais les longs propos d'amour n'étaient pas au goût de damp Renart ; il parla bientôt de séparation et de la nécessité de prévenir le retour d'Ysengrin. Avant de sortir de la maison, il a soin de passer sur les louveteaux et de les souiller de ses ordures. Toutes les provisions qu'il rencontre, il s'en empare, puis il revient une seconde fois aux louveteaux qu'il bat comme s'il eût voulu les faire taire, mais en réalité pour mieux les obliger à parler. Il les traite d'enfants trouvés, sans craindre la honte qui devait en retomber sur Hersent.

La dame, dès qu'il est parti, prend les louveteaux, essuie leurs larmes, les flatte et les caresse. « Mes enfants, leur dit-elle, au moins ne direz-vous pas au père que Renart soit venu et qu'il vous ait maltraités. — Comment ! répondent-ils, ne pas nous plaindre du méchant roux que vous avez accueilli et qui honnit notre cher père ? A Dieu ne plaise ! il faut que justice en soit prise. » Renart, à la porte, entendit quelque chose de la querelle, mais il ne s'en inquiéta pas et se remit à la voie. Cependant Ysengrin revient au logis. Il a fait bonne chasse, il dépose en entrant force denrées ; puis il va vers ses enfants pour les baiser. Les louveteaux se plaignent à l'envi des injures et des plaies qu'ils ont reçues : « Renart, le vilain roux, nous a salis, battus, malmenés ; il a dit que nous étions des enfants trouvés et abandonnés ; il a même ajouté contre vous des injures que nous n'avons pas comprises. »

Qu'on se figure maintenant la surprise et la rage d'Ysengrin ! Il brait, il hurle, il n'est plus maître de lui. « Ah ! dit-il, est-ce moi qu'on devait traiter ainsi ! Méchante et odieuse épouse, était-ce pour donner asile à mon ennemi que je vous ai toujours bien nourrie, richement tenue ? Etait-ce pour me voir préférer un puant rousseau tel que Renart ? Par les yeux Dieu !

vous ne porterez pas loin cet outrage ; je vous interdis ma couche ; je vous chasse dès aujourd'hui de la maison, à moins que vous ne fassiez tout ce que je dirai. »

Ce n'était pas le moment de répondre de même ton ; Hersent le comprit. « Vous êtes en colère, Ysengrin, dit-elle, et la colère est un mauvais conseiller ; je demande l'épreuve du serment et du jugement. Qu'on me brûle ou qu'on me pende si je ne sors pas justifiée à vos yeux et devant tout le monde. D'ailleurs, ordonnez ; je ferai tout ce qu'il vous plaira de commander. »

Ces mots eurent le pouvoir de remettre un peu de calme dans le cœur d'Ysengrin. Il regarda ses enfants, fit un pas vers Hersent et finit par l'embrasser, après qu'elle eut répété la promesse de rendre à Renart tout le mal possible, et chaque fois que l'occasion s'en présenterait.

Vingt-deuxième aventure :

Comment Renart eut un songe effrayant qui fut expliqué par Hermeline, et comment il déçut la corneille.

Renart, à quelque temps de là, reposait tranquillement dans son château de Maupertuis, près de sa femme Hermeline. Vers le matin, il eut un songe étrange (*qui par malheur rappelle beaucoup celui de Chantecler*). Il croyait être seul près d'un bois ; il avait une pelisse de rouge futaine trouée en plusieurs endroits et bordée vers le col d'une garniture entièrement blanche. Cette bordure, il avait eu grand-peine à la passer, elle lui serrait tellement le cou qu'il s'en fallait de peu qu'il n'étranglât.

Tout effrayé, Renart s'éveille en sursaut et cherche ce qu'un pareil songe peut signifier. Hermeline de son côté ouvre les yeux et reçoit la confidence de la vision que nous venons de rapporter.

« Renart, dit-elle tristement, votre songe m'inquiète, et me donne de vives appréhensions pour vous. C'est assurément l'annonce de grands ennuis et douleurs ; la rouge futaine trouée çà et là ne présage rien de bon, et cette longue bordure blanche est la double rangée de dents qui doit vous briser les os. Je n'aime pas non plus cette entrée étroite que vous ne pouviez passer, et j'en conclus que vous vous trouverez bientôt mal à votre aise. Heureusement je sais un charme dont la vertu vous soutiendra dans les dangers qui vous menacent. Le jour qu'on en fait usage, on ne peut ni mourir ni perdre un seul membre. Le voici : Quand vous sortez d'un asile, par le fossé, par la fenêtre ou par la porte, il faut tracer trois croix sur le seuil du fossé, de la fenêtre ou de la porte : on est ensuite assuré de revenir sain et sauf. »

Renart, ranimé par ces bonnes paroles, se

lève, ouvre l'huis et fait le charme qu'Hermeline vient de lui apprendre. Il gravit une montée dans le bois, et de là ne tarde pas à distinguer une corneille qui après s'être plongée dans une eau limpide, réparait avec son bec le désordre de ses plumes. Renart pour attirer son attention s'étend sur le dos, immobile, les yeux fermés, et la langue tirée. Il espère que l'oiseau, dès qu'il le verra, croira pouvoir s'abattre sur lui et voudra s'emparer de cette langue friande. La corneille en effet jette çà et là les yeux, puis les arrête sur Renart qu'elle suppose avoir été récemment victime d'un assassinat. La langue rouge et humide éveille sa convoitise ; elle agite ses ailes, descend à plomb sur le prétendu cadavre ; mais quand elle va donner le premier coup de bec, Renart s'élance, l'arrête par les ailes, et sans autre cérémonie fait un premier déjeuner du corps de l'imprudent oiseau.

Vingt-troisième aventure :
Comment Ysengrin voulut se venger de Renart, et comme il en eut regret.

C'était là bien commencer la journée. Renart fait ensuite le tour de la montée, puis descend vers le marais qui d'un côté la terminait ; il s'y baigne, et donne à ses membres une nouvelle agilité. Comme il revenait à terre, il voit

La langue rouge et humide éveille sa convoitise ; elle agite ses ailes, descend à plomb sur le prétendu cadavre...

chair à la mienne, de mêler mon sang avec le tien, de réunir par ce moyen les ruses de ton esprit à la générosité de mon courage. Allons ! ne vous faites pas prier, mon beau neveu ; cette belle rangée de dents est prête, comme vous voyez, à vous recevoir. Vous y mettez vraiment trop de cérémonie. »

Disant cela, Ysengrin s'était jeté sur Renart, l'avait retenu sous ses pieds sans mouvement, l'avait battu, mordu, houspillé comme jamais ne le fut prisonnier en terre Sarrasine. Il a beau crier merci, invoquer la pitié de son oncle, Ysengrin le prend par la nuque, lui déchire la peau et le réduit enfin à ne plus exhaler que des gémissements étouffés.

Une chose préserva damp Renart, sa chair était loin d'être, même pour Ysengrin, un friand morceau. Après l'avoir longtemps martyrisé : « J'hésite, dit-il, sur le genre de mort que je te donnerai. Si j'allumais un feu ardent pour te griller ? ensuite je te mangerais : non, tu serais mort trop vite. » Et cependant, voyant Renart attendre gueule béante le moment de rendre le dernier soupir, Ysengrin lui ferme la gorge de son pied, et peu s'en faut qu'il ne l'étrangle.

Mais au moment même, il en était grand temps, voilà que la pitié trouve place dans le cœur d'Ysengrin. Il remembre les anciens liens d'amitié, les bons tours qu'ils ont fait souvent ensemble, les jeux, les plaisirs, les agréments de leur première jeunesse. Peu à peu ses yeux se troublent et viennent à se remplir de larmes. « Ah ! mon Dieu, le voilà mort ! Et qu'ai-je fait ? J'ai pu frapper mon ancien ami, mon meilleur conseiller ! maudite colère ! » Ces paroles arrivent aux mourantes oreilles de Renart, il fait un léger mouvement.

« Qu'est-ce ? dit Ysengrin, je crois qu'il a remué : oui, ses veines battent encore, bien qu'on sente à peine sa respiration. — Oui, je vis, dit Renart ; mais vous avez commis un grand crime, en traitant comme votre plus grand ennemi, le pauvre neveu qui vous aimait tant. Vous êtes fort, et vous avez écrasé le faible, l'innocent privé de défense. » Ysengrin fut longtemps sans répondre et comme en proie à de véritables remords pendant que son neveu reprenait des forces et du courage. « Tenez, dit le premier Renart, au lieu de me maltraiter sans raison, regardez et profitez de l'aventure qui vient s'offrir à nous. »

Vingt-quatrième aventure :

Comment Renart déçut le vilain, et comment Ysengrin emporta le bacon, lequel il ne voulut partager.

C'était un vilain qui traversait la plaine, pliant sous une charge de porc salé qu'il ramenait chez lui. « Qui vous empêcherait, bel oncle, d'arrêter ce bacon, et d'en apaiser votre faim ? Il vaut bien mieux que ma maigre et dure échine. » Ysengrin était de cet avis. « Tenez, oncle, laissez-moi le plaisir de vous en procurer la possession. Si vous ne l'avez, je me soumets à tout souffrir sans me plaindre. Vous aurez le bacon, et s'il vous en reste, après en avoir mangé votre saoul, nous le mettrons en vente ; il n'y a pas au monde de meilleur marchand que moi. Nous en partagerons ensuite le prix : à vous les deux tiers, à moi le troisième ; c'est la règle.

— Par saint Cler, dit Ysengrin, je n'ai pas de goût pour les rencontres de vilains. Hier encore, passant rapidement par un village, un d'eux me donna un coup de massue qui m'abattit tout à plat ; je ne pus me venger, et j'en ai grand-honte. — Ne vous en mêlez donc pas, répond Renart, je puis mener l'affaire à bien, et vous me pendrez la hart au cou, si tout à l'heure vous n'avez le bacon. — A la bonne heure donc ! dit Ysengrin, je veux bien juger de ce que tu sais faire. » Il se traîne d'abord avec assez de peine, les coups qu'il avait reçus lui ôtant son agilité naturelle ; mais à force de longer péniblement le bois dans un sentier couvert, il gagne un peu d'avance sur le vilain, et recourant à l'un de ses tours favoris, il s'étend le long du chemin, comme il eût fait sans doute dans le bois pour se remettre des rudes épreuves que son compère venait de lui faire subir.

Le vilain en voyant Renart traîner les reins et tomber ainsi dans le chemin, le crut mortellement blessé, et pensa qu'il lui serait aisé de le prendre. Il avance donc, et sans quitter son fardeau, la main posée sur le bâton qui lui servait de soutien, il se baisse comme pour lever Renart de terre. Celui-ci fait un petit saut de côté : le vilain ne se décourage pas, il laisse tomber le bâton sur son échine, et Renart dont les douleurs se renouvellent fait un cri et s'éloigne. « Tout cela, dit le vilain, ne m'empêchera pas de coudre ta robe à mon manteau. » Mais entre faire et dire, il y a souvent bien à dire.

Le vilain n'a pas fait dix pas à la poursuite de Renart qu'il se voit obligé de mettre bas sa charge de bacon, afin de courir plus vite. Il la dépose donc à terre, et ne songeait plus qu'à rejoindre Renart dont la peau, pensait-il devait lui rendre le prix du porc qu'il venait d'acheter ; sans compter le tour du col qu'il garderait pour engouler son manteau. Ysengrin suivait par curiosité et sans trop d'espoir les mouvements de Renart et du vilain ; mais quand il vit celui-ci abandonner son bacon, il pressa lui-même le pas, il descendit dans la plaine, emporta la précieuse charge, et revint d'où il était parti.

Pour le vilain, il se croyait assuré de prendre le goupil quand il vit le loup retourner au bois avec son bacon : Renart, de son côté, n'avait rien perdu des mouvements d'Ysengrin, et cessant aussitôt de ramper péniblement, il partit comme un trait d'arbalète, laissant le vilain entre la bête qu'il voulait prendre et le bacon qui lui était pris, s'arrachant les cheveux, maudissant Ysengrin, Renart et la convoitise qui l'avait conduit à n'avoir ni l'écu ni la maille. C'est ainsi qu'il revint chez lui, assez bien persuadé qu'il avait été ensorcelé.

Laissons maintenant le vilain, et retournons à nos deux amis. Ysengrin, à l'arrivée de Renart, était déjà repu : le reste du bacon il l'avait couvert de feuillage, afin de mieux le tenir au frais. Près de là était la hart dont le vilain l'avait attaché pour le porter plus aisément.

« Sire Ysengrin, dit Renart, vous allez me donner, j'espère, la part qui me revient dans le bacon ? — Ami, tu veux rire, reprend le loup, assurément tu dois te trouver fort heureux d'avoir échappé à mon ressentiment. Cependant, je te permets de prendre la hart, fais-en ce qu'il te plaira ; mais ne demande rien de plus. »

Renart comprit qu'avec un compagnon de la force d'Ysengrin, il n'y avait pas à réclamer. « Si quelqu'un, dit-il, mérite la hart, ce n'est assurément pas moi. Je le vois, on n'a pas grand profit à attendre de votre compagnie, permettez-moi de prendre congé. D'ailleurs, j'ai la conscience chargée de quelques gros péchés, et mon intention serait, pour en avoir l'absolution, d'aller en pèlerinage à Saint-Jacques. — Soit, dit Ysengrin, je ne te retiens pas ; je te recommande à Dieu. — Et vous au diable ! repartit à demi-voix Renart : au moins n'est-ce pas ma prière qui vous en délivrera. »

Vingt-cinquième avènture :

Comment Renart devenu pèlerin fait rencontre de damp Frobert le grillon, lequel disait ses Heures, et comment il ne put le décider à lui donner son livre.

Le voilà donc en semblance de pèlerin, allant par monts et par vaux près de la forêt, séjour ordinaire d'Ysengrin. Un matin, il s'arrête devant un village, pénètre dans l'enclos du prêtre, et là trouve abondance de chairs fraîches et salées. « J'ai bien fait, se dit-il, de venir ici : mais gardons-nous ; il y a souvent de mauvais pièges tendus. » En furetant partout avec précaution et en prêtant l'oreille, il entend quelque bruit et tremble aussitôt d'être dénoncé. C'était Frobert le grillon qui déclinait gaiement sa chanson ordinaire à l'entrée du four. En apercevant Renart il se tut. « Ah ! vraiment, dit Renart quand il le reconnut, et après avoir allongé ses pieds en avant, il n'y a que les clercs pour bien chanter. Continuez votre psautier, damp Frobert, je veux en faire aussi mon profit. — Par Dieu ! répond Frobert, vous n'avez guère la mine d'un pèlerin contrit, et je serais assez curieux de voir de quel pied vous clochez. »

Il trottine alors à pas pressés vers Renart qui jette aussitôt sur lui la manche de sa pèlerine. Il croyait le tenir et le faire bientôt passer par son gosier ; mais il manqua son coup, et Frobert trouva par bonheur une sortie au travers de l'enveloppe : « Ah ! Renart ! je t'avais reconnu, dit-il, tu n'as pas changé de nature en changeant de vêtement. Ce sont pèlerins du diable ceux qui guettent les gens sur la route ; mais heureusement Dieu m'est venu en aide. — Damp Frobert, répond Renart, n'avez-vous pas un peu trop bu ? Moi vous guetter ! ne voyez-vous pas que j'en voulais seulement à votre livre ? si j'avais pu le saisir, j'y aurais appris, assurément, de beaux cantiques. J'avais grand besoin d'en chanter, car je suis en mauvais point : les pèlerinages m'ont épuisé, je n'ai plus longtemps à vivre, et je n'ose penser sans effroi à tous les péchés que j'ai commis. Encore si j'avais un confesseur ! Vous plairait-il, damp Frobert, de m'en servir ? car, vous le savez, je ne dois pas espérer rencontrer ici le prêtre que je venais voir ; il est, m'a-t-on dit, au synode. — Patience ! répondit Frobert, le prêtre ne peut tarder longtemps à revenir. »

Au même instant, on entend les aboiements de plusieurs mâtins escortés de piqueurs, d'arbalestiers et de chasseurs. Renart aussitôt de jouer des pieds ; mais il est aperçu, les veneurs découplent leurs chiens. *Le goupil ! le goupil !* crient-ils à qui mieux mieux. « Holà ! Tabaus, Rigaus, Clarembaus ; eh ! Triboulé ! eh ! Plaisance. » Mais Renart, de son côté, ne s'endormait pas ; dans la crainte d'être cerné, il revient, se tapit sur le haut du four, y demeure blotti jusqu'à ce que la meute se soit éloignée, en croyant toujours se rapprocher de lui.

Or cette meute réveillait en même temps Ysengrin, dont elle avait reconnu les traces. On le poursuit, on l'atteint, on le déchire à belles dents : lui se défend avec courage ; plus d'un chien est mis hors de combat, les entrailles déchirées. Du haut de son four, Renart se faisait juge du camp. « Ah ! bel oncle, criait-il, voilà le profit du bacon que vous avez refusé de partager. Vous seriez moins lourd et plus dispos si vous aviez été moins glouton. » Mais ces mots, au lieu de décourager Ysengrin, redoublent son ardeur : il étrangle le premier chien d'un coup de dent ; les autres, plus ou moins déchirés, ensanglantés, abandonnent enfin la partie.

Vingt-sixième aventure :

Comment Renart fit rencontre de Noble le roi et d'Ysengrin, et comment les deux barons se donnèrent le baiser de paix.

Ysengrin regagne péniblement son logis ; mais son plus grand mal est le chagrin de ne pas en avoir fini avec Renart, et de ne l'avoir pas étranglé, quand l'occasion s'en présentait. Il n'est pas encore à bout, et l'Ascension ne passera pas sans le rendre victime des nouvelles méchancetés de son beau neveu.

Ysengrin, pour avoir laissé vivre Renart quand il aurait pu se venger de lui, n'en était pas moins persuadé que dame Hersent, sa noble épouse, avait eu de grands sujets de plainte contre son compère ; et Renart, de son côté, obéissait à son naturel, en ne laissant échapper aucune occasion de honnir et tromper Ysengrin. Un jour il était aux aguets dans le bois, avec l'espoir de rapporter quelque chose à la maison pour sa chère Hermeline. Il n'y fut pas longtemps sans voir arriver de son côté monseigneur Noble le roi, accompagné d'Ysengrin, le connétable. Ils marchaient du même pas, devisant agréablement. Renart ne se détourne pas ; et même, afin de tirer parti de la rencontre aux dépens de son compère, il s'avance et salue le roi d'une inclination profonde : « Bien venue la noble compagnie ! dit-il. — C'est vous, damp Renart ! répond le roi qui, sachant les mésaventures d'Ysengrin, avait peine à ne pas rire. Je vous souhaite bonne journée et chance heureuse, pour le malin tour que vous vous disposez sans doute à jouer.

— En effet, monseigneur, j'ai besoin de vos souhaits : depuis le point du jour je suis en chasse ; j'espérais rapporter quelque chose à l'épouse qui vient de me donner un nouvel enfant, et jusqu'à présent je n'ai rien trouvé.

— Vous êtes en chasse ? répond le roi d'un ton sévère, et c'est ainsi que vous faites sans nous vos affaires ?

— Sire, repartit Renart, par la foi que je vous dois, je sais trop bien qu'à moi ne convient de marcher de pair avec vos compagnons ordinaires, et d'espérer un regard du roi au milieu de tant de grands personnages ! Vous devez naturellement à nous autres petits préférer les hauts barons, tels que sire Brun l'ours, Baucent le sanglier, Rooniaus le veautre, le seigneur Ysengrin et leurs pareils.

— Et voilà, reprit le roi, de vos railleries ordinaires ; mais enfin, demeurez, s'il vous plaît, avec nous ; au moins aujourd'hui je vous admets à ma chasse, et nous allons chercher ensemble de quoi nous déjeuner convenablement.

— Ah ! sire, fait Renart, je n'oserais, à cause de messire Ysengrin, qui me voit toujours à contrecœur. Il m'a voué, pourquoi je l'ignore, une haine mortelle, et cependant, j'en jure par mon chef, jamais je ne lui ai fait la moindre offense. Il m'accuse d'avoir honni sa femme, tandis que je n'ai, par la vertu de Dieu, rien demandé de ma commère Hersent que je n'eusse pu réclamer de ma propre mère. — Je pense comme vous, Renart, reprit le roi ; il n'y a rien de sérieux dans tout cela : quand même vous auriez entretenu le commerce criminel dont vous êtes soupçonné, il faudrait, pour vous condamner, quelques preuves sensibles, et l'on n'en présente pas. Terminons donc ces malentendus, je veux remettre la paix entre vous. — Puisse Dieu, sire, vous en récompenser ! car, en vérité, et par la foi que je dois à Hermeline, le droit est de mon côté.

— Voyons, Ysengrin, reprit le roi, cette haine contre Renart est-elle raisonnable ? Vous êtes vraiment fou de lui imputer une vilenie et, pour moi, je suis persuadé qu'il n'a rien à se reprocher à l'égard de dame Hersent. Montrez-vous conciliant ; laissez les vieux levains de rancune. Doit-on haïr les gens pour de méchants propos recueillis çà et là ? Je connais Renart mieux que vous, et je suis assuré que, pour le donjon de l'empereur Octavien, il ne ferait rien de ce qu'on lui reproche.

— Sire, dit Ysengrin, dès que vous en portez témoignage, je le crois. — Eh bien, qui vous arrête donc ? Allons, rapprochez-vous : pardonnez-lui de bon cœur et sans réserve. — Je le veux bien. En votre présence, sire, je lui pardonne ; je dépose tout ressentiment du passé, je prétends que nous demeurions toute notre vie bons amis et compagnons. »

Alors se donnèrent le baiser d'amitié ceux qui ne s'aimaient guère et ne s'aimeront jamais. Qu'ils disent ce qu'ils veulent, qu'ils jurent toutes les réconciliations du monde, même en présence du roi, ils se détesteront toujours, et je ne donnerais pas une prune de leurs baisers. C'est la paix la plus mensongère et la plus trompeuse ; pour tout dire en un mot, c'est la paix Renart.

Vingt-septième aventure :

Comment le roi Noble, Ysengrin et Renart se mirent en chasse, et de la rencontre d'un vilain que Renart fit noyer.

Voilà les trois personnages remis au chemin ; Noble le premier, puis Ysengrin, puis Renart. « Comment nous y prendre ? dit le roi regardant Renart. Vous qui connaissez les bons endroits, soyez notre guide ; on s'en rapporte à vous. Savez-vous près d'ici un pré, bocage ou pâture où nous puissions rencontrer bonne proie ? — Par saint Remi, sire, répondit Renart, je ne puis rien promettre. Pourtant je me souviens qu'entre ces deux montagnes, là-bas, on trouve une verte vallée où le bétail du village voisin vient souvent paître. — Voulez-vous prendre ce côté ? — Je m'y accorde », dit le roi.

Ils marchent, et vous allez juger comme la paix nouvellement jurée était solide. Arrivés dans la prairie, Ysengrin aperçoit le premier, vers l'autre extrémité, une proie superbe. Alors tout joyeux : « Nous sommes en bonne voie, sire, dit-il, je distingue là-bas un taureau, une vache et son veau ; il ne faut pas qu'ils nous échappent. Mais il serait bon d'envoyer Renart en avant, pour éprouver s'il n'y aurait pas de mâtin ou de vilain à craindre : on ne saurait prendre trop de précautions. — Vous parlez bien, dit le roi, Renart est fin et rusé, il reconnaîtra mieux que personne les lieux. Allez donc en avant, Renart, et quand vous aurez vu, vous reviendrez nous avertir. — Volontiers, sire. »

Aussitôt de courir à travers champs : il arrive à portée de la proie. Le vilain, gardien du bétail, dormait tranquillement sous un orme. Renart se coule tout auprès de lui, cherchant dans sa tête un moyen de s'en défaire. Sans le réveiller, il saisit une branche de l'arbre et saute rapidement plus haut : il va de branche en branche et s'arrête enfin précisément au-dessus de la tête du berger. Me sera-t-il permis de continuer ? Renart, comme un vrai salaud, se tourne, pousse et laisse tomber sur le vilain une large écuelle de fiente infecte. Le berger, sentant couler sur lui un pareil brouet, s'éveille en sursaut, porte la main à son visage humide, et ne devine pas comment pareille chose a pu tomber de l'arbre. Il lève les yeux et ne voit que des rameaux du plus beau vert du monde, car Renart s'était dérobé sous le plus épais du feuillage. La surprise du vilain est extrême ; il se croit le jouet d'un fantôme, il touche de sa main, il sent une grasse humidité dont la puanteur est insupportable ; puis il se lève et court droit au fossé qui fermait la prairie et qui portait une profondeur de vingt pieds d'eau.

« Lavons-nous d'abord, se dit-il, puis je tâcherai de découvrir à qui je dois cette male aventure. »

Comme il arrivait au fossé et qu'il commençait à se pencher accroupi pour se laver, Renart, qui ne l'avait pas perdu de vue, s'était laissé glisser à terre et l'avait rejoint.

Quand il l'avait vu dos courbé, tête penchée sur l'eau, il avait sauté vivement sur son échine, et de son poids avait décidé la chute du vilain au fond du fossé. Pour Renart il n'avait pas même touché la surface de l'eau. Le pauvre homme, transi d'effroi, étendait les bras et jouait des pieds pour échapper au danger ; mais Renart est là, qui avise à quelque distance une large pierre plate et carrée ; il la pousse, la soulève, la fait tomber enfin de telle force sur le dos du vilain que celui-ci descend avec elle dans la bourbe du fossé.

Cependant le roi et le connétable, las d'une assez longue attente, s'étaient avancés quelque peu. Ysengrin, dont les yeux étaient excellents, aperçut Renart près du fossé, et le montrant à monseigneur Noble : « Voyez, sire, comme Renart se soucie de vous servir ; il prend ses ébats pendant que vous perdez patience. Il a trouvé pour lui, il ne demande rien de plus. On peut l'envoyer chercher la mort ; sûr moyen de l'attendre longtemps ! Si vous le trouvez bon, sire, nous pousserons de ce côté, au moins saurons-nous de lui ce qui l'y retient. — Soit, dit le roi ; mais par saint Julien ! si Renart nous a joués, il le paiera cher et n'aura pas de longtemps envie de recommencer. »

Pendant qu'ils arrivaient de fort mauvaise humeur, le vilain avait longtemps battu l'eau, avait plongé deux fois et deux fois remonté, et perdait tout ce qui lui restait de force. Renart, de son côté, souhaitait d'en finir pour retourner plus vite auprès du roi ; il fait rapidement un amas de grosses mottes de terre et les jette dru comme grêle sur le dos du patient qui plonge la troisième et dernière fois. Le vilain demeura sous les eaux, arrêté dans les herbages. Dieu veuille le recevoir dans son paradis ! Du moins peut-il être sûr qu'à compter de ce jour on ne fera plus sur lui de mauvaises chansons. Quant à la proie, elle était à nos chasseurs, rien ne les empêchait plus de s'en emparer.

Après ce grand exploit damp Renart se mit au retour, et, comme on a vu, monseigneur Noble et sire Ysengrin lui évitèrent la moitié du chemin. « Bien venus, leur dit-il, vous monseigneur, et votre compagnie ! — Moi, répond le roi, je ne vous salue pas, damp Renart, et je devrais peut-être vous faire pendre aux fourches, pour nous avoir abandonnés si longtemps. — La faute n'est pas mienne, monseigneur, fait Renart. Par la foi que je dois à ma femme, j'ai eu pour entremets le vilain qui gardait le bétail, et vous comprenez que s'il vous eût aperçus, il eût mis ses bêtes à l'abri de toute attaque ; mais, grâce à Dieu, vous voyez que je reviens frais, dispos et séjourné, pendant qu'il s'en est allé rejoindre les grenouilles au fond du fossé. J'imagine que vous désiriez mon retour ; bien s'ennuie qui fait longue attente ; mais quand vous saurez comment j'ai travaillé, vous m'en aimerez davantage. Ecoutez-moi de point en point. »

Alors il leur raconta comment il était monté sur l'orme, comment il avait sali le visage du vilain, comment le vilain effrayé avait couru se laver au fossé, comment arrivant à petits pas il s'était posé sur son échine, puis l'avait culbuté dans la mare, et mis ordre à ce qu'il n'en sortît jamais. Le roi l'écoutait, et peu à peu sa colère faisait place à l'envie de rire ; il battait des mains, jurait que jamais vilain n'avait été mieux traité selon ses mérites. « Oh ! dit Ysengrin à son tour, cela paraît en effet très plaisant ; mais pour le croire, je ne serais pas fâché de l'avoir vu de mes yeux. — Eh bien, dit Renart, vous pouvez vous en donner le plaisir ; allez au fond de l'eau, le vilain vous dira si j'ai menti d'un mot. — Il n'est pas nécessaire, reprit le roi, qui voulait sauver la confusion au connétable. Je ne tiens pas assez aux vilains pour en aller voir un de plus, et j'aimerais autant fourrer ma tête dans une tonne de vipères. Il est au fond de l'eau, qu'il y reste ! et pour nous, hâtons-nous de procéder au partage de la proie. »

Vingt-huitième aventure :

Comment Ysengrin ne fut pas aussi bon partageur que Renart.

Noble se tourna d'abord vers Ysengrin : « C'est vous, damp connétable, qui déciderez ce qui doit revenir à chacun : vous trouverez aisément moyen de nous contenter tous les trois.

— J'obéis, monseigneur, puisque tel est votre plaisir ; d'ailleurs j'avoue que je mangerai volontiers. De quoi s'agit-il ? d'un taureau, d'une vache et d'un veau... » Il parut hésiter un instant, comme cherchant moyen de tout arranger au mieux ; car il se rappelait ce que dit le vilain :

Qui le bien voit et le mal prent
Souvent à bon droit se repent.

En tout cas, il se serait fait étrangler plutôt que de rien proposer à l'avantage de Renart.

« Monseigneur, reprit-il enfin, mon avis est que vous reteniez pour vous le taureau et la belle génisse. Je me contenterai du veau, et quant au roux que vous avez admis dans votre compagnie, je sais qu'il aime peu ces sortes de viandes ; nous l'inviterons à chercher pâture ailleurs. »

Oh ! que grande chose est Seigneurie ! Il

faut au seigneur donner tout à garder, tout faire à sa guise et surtout ne jamais lui parler de partage. En tous pays la coutume est la même ; le connétable Ysengrin pouvait-il oublier une telle vérité ! Or ce qui devait arriver arriva : Noble ne l'avait pas écouté sans branler la tête et sans témoigner une indignation vive. A peine le partageur a-t-il fini, que lui se dresse, fait deux pas, lève sa terrible patte et l'étend sur la joue d'Ysengrin d'une telle force qu'il enlève la peau, le cuir du visage, et laisse le coupable couvert de sang. « Ysengrin, dit-il, n'entend rien aux partages, j'aurais dû le deviner, c'est à vous Renart, plus habile et plus sage, à satisfaire chacun de nous. — Sire, répondit Renart, vous me faites un honneur que je n'osais espérer ; mais voici ma proposition : Prenez, seigneur, ce qu'il vous plaira et nous abandonnez le reste.

— Non, non ! dit Noble, je ne l'entends pas ainsi : je veux que tout soit réglé par jugement, suivant l'équité, et de façon que personne n'ait droit de se plaindre. — Eh bien ! reprit Renart, puisque vous le voulez, mon avis est d'abord, comme Ysengrin l'avait proposé, que le taureau soit à vous ; c'est la part du roi, il ne peut tomber en mains plus glorieuses. La génisse est tendre, grasse et jeunette ; elle sera pour madame la reine. Le prince impérial votre fils a, si je ne me trompe, été nouvellement sevré, il doit avoir un an, ou peu s'en faut ; à lui doit revenir ce petit veau, tendre comme du lait. Pour nous autres, ce vilain et moi, nous irons chercher notre chevance ailleurs. »

Ces paroles répandent une satisfaction visible sur le fier visage du roi. « Voilà, dit-il, qui est bien parlé : aussi personne ne réclame. C'est bien, Renart, je suis content. Mais, dites-moi, qui vous apprit à si bien faire les partages ? — Sire, répond Renart, le chaperon rouge d'Ysengrin est pour moi de grande autorité. Je suis même tenté de croire que la couronne que vous lui avez faite indique un cardinal, sinon l'apostole lui-même. O la belle couleur de pourpre ! il faut s'incliner devant elle.

— Maître Renart, maître Renart, fait le roi en lui passant doucement le bras sur l'oreille, vous êtes un subtil personnage, et vous savez mieux que votre pain manger. Tant pis pour qui refuserait vos bons services ; vous retenez bien ce qu'on dit, et vous savez profiter à merveille des sottises d'autrui. Demeurez ici tous les deux et de bonne amitié ; mais je conseille à Ysengrin, s'il veut s'épargner de grands regrets, de mieux répartir une autre fois. Pour moi, j'ai de grandes affaires qui m'obligent à m'éloigner. Cherchez, parcourez ces bois, et si vous y trouvez votre dîner, je vous permets de le prendre. Adieu, Renart ! bien partagé, vraiment, bien partagé !

— Eh bien, sire Ysengrin, que vous en semble ? dit Renart, dès que Noble se fut éloigné emmenant la proie devant lui ; le roi nous a-t-il assez outragés ? des barons tels que nous doivent-ils être ainsi maltraités et joués ? Croyez-moi, en nous entendant un peu, nous pourrions lui donner assez d'embarras. Comme votre ami, je vous dois mes meilleurs conseils, et je vous aiderai volontiers de toutes mes forces à prendre de ce mauvais roi une vengeance éclatante. Car enfin il y a trop de honte à se laisser traiter ainsi et nous lui donnerions l'envie de faire pis encore. Mon avis est de venger avant tout l'injure qu'il vous a faite, puis le déni de justice qui nous a privés du bien qui nous appartenait. »

Ysengrin écoute attentivement Renart. Il garde un fier ressentiment du traitement qu'il a reçu ; il serait heureux de pouvoir s'en venger ; mais d'un autre côté il faut avoir des alliés pour entreprendre une guerre contre le roi. La prudence veut qu'on demande avant tout conseil à ses véritables amis. « Cependant, se dit-il, où trouverais-je un plus sage conseiller que Renart, un compagnon plus adroit, plus utile ?... Mais, s'il me trahissait ? s'il ne m'arrachait mon secret que pour aller le révéler au roi ? La trahison est assez dans ses habitudes et dans celles de sa race... Non ! je lui fais injure ; c'est, après tout, mon compère ; il ne voudrait pas me perdre ? Il est prudhomme, le roi le disait tout à l'heure encore, en nous réconciliant. Cependant ma femme ! ma femme !... Mauvais propos que tout cela ; je veux me venger du roi, Renart m'offre ses conseils et son aide, je serais fou de l'éconduire. »

Il répond donc à Renart : « Bel ami, cher

et doux compère, j'ai réellement besoin de votre aide et je vous la demande. Je voudrais, avant l'arrivée de la première nuit, tirer vengeance de notre mauvais roi. — Oh ! reprend aussitôt Renart, qui ne voulait que donner le change à son compère sur le principal objet de ses rancunes, il ne faut pas tant se presser ; nous en reparlerons une autre fois : pour le moment, j'ai le plus grand besoin de revoir ma famille ; je suis hors de Maupertuis depuis fort longtemps, et je veux y faire un tour. Adieu, cher oncle Ysengrin ; demeurons tout d'un accord contre l'orgueil du roi. » Cela dit, les nouveaux amis prirent congé l'un de l'autre. Avant d'avoir fait cent pas, ils avaient oublié la guerre qu'ils devaient entreprendre et la foi qu'ils avaient déjà si souvent jurée et mentie.

Vingt-neuvième aventure :
Comment Renart entra et sortit heureusement du puits ; comment Ysengrin y entra, mais en sortit à son grand dommage.

J'engage à faire silence ceux qui n'étant pas d'humeur à écouter sermon ou la vie de quelque saint homme, voudraient bien entendre raconter des choses plaisantes et faciles à retenir. Je n'ai pas la renommée d'avoir un grand fond de raison ; mais à l'école, on a vu bien souvent que les fous pouvaient vendre la sagesse. Laissez-moi vous apprendre un nouveau tour de damp Renart, ce grand maître en fourberies, Renart, l'ennemi naturel des chemins droits, qui jouerait aisément le monde entier, et qui lutterait de malice avec le démon lui-même. Il était allé chasser assez loin de sa maison : mais le gibier ayant fait défaut, il lui fallut revenir du bois sans souper. Il sortit une seconde fois, et perdit une seconde fois ses peines : dans les joncs, au milieu desquels il restait inutilement au guet, il n'entendit que son ventre murmurer de la paresse de ses dents et du repos de son gosier.

Ces plaintes répétées le décidèrent à faire une nouvelle tentative. Un étroit sentier couvert le conduisit dans une plaine à l'extrémité de laquelle était un plessis, formant l'enceinte de grands bâtiments. C'était une abbaye de blancs moines, gens qu'on ne prend guère au dépourvu de bonnes provisions. La grange était à la gauche du cloître, et Renart désirait y faire une pieuse visite ; mais les murs étaient hauts et solides. Quel dommage cependant ! Là sans doute était réuni tout ce qu'avait à désirer un goupil : poules, coqs, chapons et canards. Renart, en regardant sous la porte, apercevait le gelinier où devait reposer ce qu'il aimait le mieux au monde, et ses yeux ne pouvaient s'arracher à cette vue irritante. N'y avait-il donc là ni fenêtre extérieure, ni trou, ni la moindre lucarne ? Comme il commençait à désespérer et que, pour mieux suivre le cours de ses tristes pensées, il allait s'accroupir au bas de la porte, ô bonheur ! une légère pression fait céder le guichet mal joint et lui offre un passage inattendu. Aussitôt le voilà dans la cour. Mais ce n'est pas tout d'être entré, s'il est aperçu, sa pelisse pourra bien demeurer en gage.

Avançant donc avec précaution, il arrive à portée des gelines : un pas de plus, elles sont à lui. Mais si les poules jettent un cri ? Cette réflexion l'arrête et le décide même à rebrousser chemin. Il allait donc repasser le guichet, quand un sentiment de honte le retient dans la cour et lui fait donner quelque chose à l'aventure. Le besoin qui fait vieilles trotter lui représente vivement qu'autant vaut être roué de coups que mourir de faim. Il revient alors aux objets de sa convoitise par un autre détour qui devait mieux assurer sa démarche et sa retraite. Bientôt il avise trois gelines qui s'étaient endormies, juchées au-delà d'un tas de foin, sur une longue pièce de bois. Au premier mouvement qu'elles remarquent dans le foin, elles avaient tressailli et étaient allées se tapir un peu plus loin ; Renart fond sur elles, les étrangle l'une après l'autre, mange la tête et les ailes des deux premières et emporte la troisième.

La campagne avait été heureuse ; Renart quitta sans encombre cette bienheureuse grange de moines. Mais la soif venait succéder à la faim, et comment l'apaiser ? Devant la maison se trouvait un puits auquel il ne manqua pas de courir. L'eau par malheur n'était pas à sa portée. Il frémit d'impatience, lèche ses barbes desséchées et n'imaginait pas d'expédient quand, au-dessus de sa tête, il voit un treuil ou cylindre auquel tenait une double corde. L'une descendait dans le puits, l'autre soutenait un seau vide à fleur de terre. Renart devine l'usage qu'on peut en faire, et déposant la geline qu'il avait rapportée de la grange, il se rapproche de l'ouverture du puits, s'attache à la corde et la tire de toutes ses forces dans l'espoir de ramener le seau qui reposait au fond. Mais soit que le vaisseau ne fût pas rempli, soit que la corde tournée sur le treuil eût échappé à la cheville qui la retenait, Renart fut, quand il s'y attendait le moins, entraîné lui-même dans le gouffre.

Il a maintenant toute liberté de boire ; il aurait même le temps de pêcher à son aise. Mais je doute qu'il s'en soit avisé ; la soif ne le tourmentait plus, elle avait fait place à la crainte, à la terreur. Le voilà donc attrapé, le grand attrapeur des autres ! Que va-t-il devenir, ô mon Dieu ! il faudrait des ailes pour sortir d'ici. A quoi lui sert une sagesse prétendue ? Il restera dans ce lieu jusqu'au jour du Jugement, à moins qu'un autre ne vienne l'en tirer. Et dans ce cas-là même, que n'aura-t-il pas à craindre de ces moines, ennemis de sa race et si convoiteux du collier blanc de sa fourrure !

Tout en faisant ces douloureuses réflexions, il se tenait d'une patte à la corde du puits, de

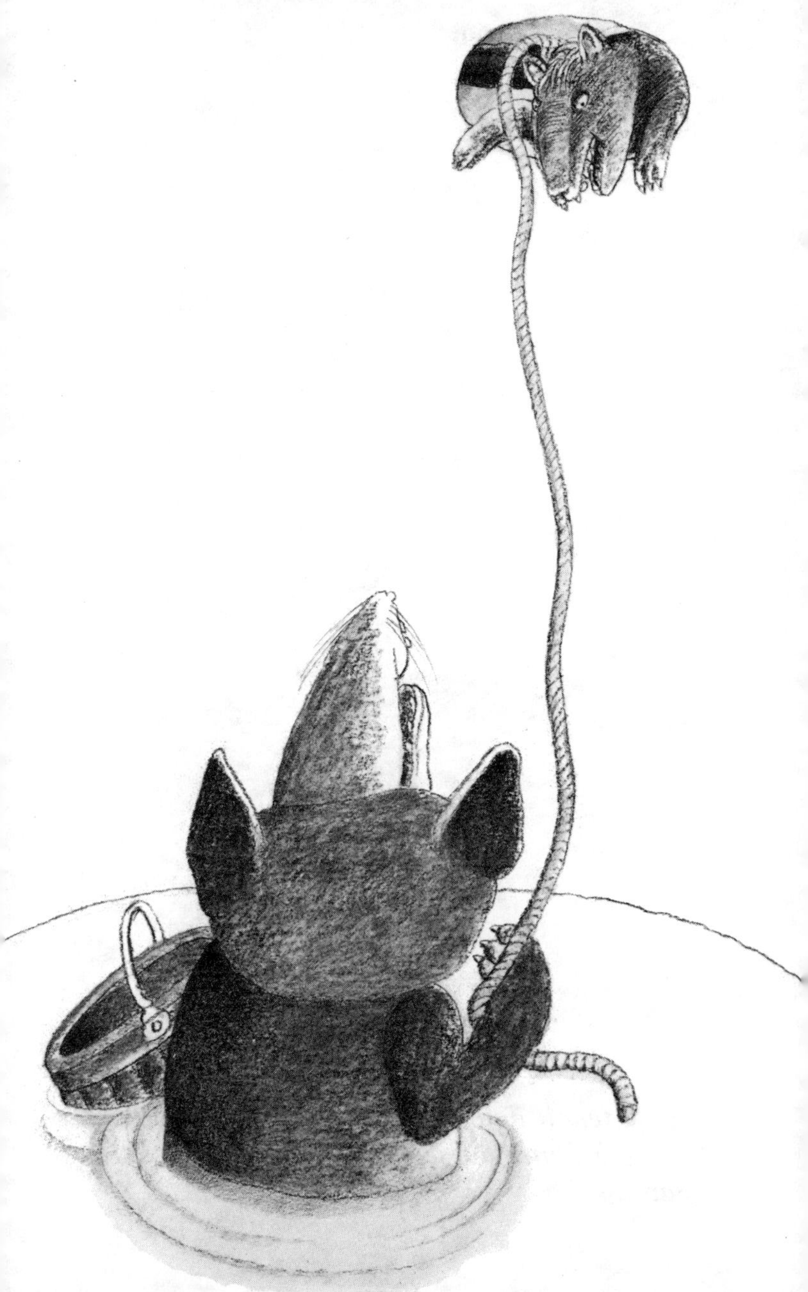

... il se tenait d'une patte à la corde du puits, de l'autre à l'anse du seau qui flottait au-dessus de l'eau...

l'autre à l'anse du seau qui flottait au-dessus de l'eau. Or, le hasard voulut qu'Ysengrin fût sorti du bois à peu près en même temps que lui et que, dans une intention pareille, il arrivât dans ces parages, souffrant de la faim et de la soif. Trop maladroit pour découvrir le défaut du guichet : « Voilà, disait-il en revenant sur ses pas, une terre du démon, non du Dieu vivant. On n'y trouve rien à manger, rien à boire ; je vois bien là ce qu'ils appellent un puits, mais le moyen d'en tirer une seule goutte d'eau ? »

Ysengrin s'en était pourtant approché ; il avait mis ses pieds sur la pierre circulaire et mesuré des yeux la profondeur. Damp Renart, tranquille comme une ombre, conservait à l'eau dans laquelle il était à demi plongé toute sa transparence. « Que vois-je là ! dit tout à coup Ysengrin, au fond de ce puits damp Renart ! Est-il possible ? » Il regarde encore, et cette fois son image reproduite à côté du corps de Renart lui donne les idées les plus étranges. Il croit voir de ses propres yeux Renart en compagnie de dame Hersent, il suppose entre eux un rendez-vous convenu. « C'est bien lui ! c'est bien elle ! Ah ! traîtresse, diras-tu maintenant que tu n'as pas été surprise avec le méchant Renart ? » Le puits sonore répond *Renart !* Il répète ses injures et l'écho lui apporte la confirmation de sa honte et de son malheur.

Renart avait aisément reconnu son compère, il le laissait maugréer et crier. Cependant au bout de quelques minutes : « Qui va là-haut ?

dit-il, et qui se permet de parler ? — Va ! dit Ysengrin, je te reconnais. — Je vous reconnais aussi ; oui, je fus autrefois votre bon cousin, votre compère, et je vous aimais comme votre neveu ; mais aujourd'hui je suis feu Renart ; j'étais assez sage durant ma vie, aujourd'hui je suis, Dieu merci, trépassé, et je me trouve dans un lieu de délices. — S'il est vrai que tu sois mort, répond Ysengrin, je n'en suis pas autrement fâché ; mais depuis quand ? — Depuis deux jours. Ne vous en étonnez pas, sire Ysengrin : tous ceux-là mourront qui sont encore en vie ; tous passeront le guichet de la mort. Notre-Seigneur, dans sa bonté, m'a tiré de la vallée de misère, du siècle puant dans lequel j'étais embourbé, puisse-t-il aussi vous visiter, Ysengrin, à l'heure de la mort ! Mais d'abord, je vous engage, dans votre intérêt seul, à changer de disposition envers moi. — Je le veux bien, répond Ysengrin ; puisque te voilà mort, je prends Dieu à témoin que je n'ai plus de haine : je commence même à regretter que tu ne sois plus du monde. — Et moi j'en ai grande joie. — Comment ? Tu parles sérieusement ? — En pure vérité. — Mais explique-toi. — Volontiers. D'un côté mon corps repose dans la maison de ma chère Hermeline, de l'autre mon âme est en Paradis, placée devant les pieds de Notre-Seigneur. Comprenez-vous maintenant que j'aie sujet d'être joyeux et satisfait ? J'ai tout ce que je puis désirer. Ah ! sire Ysengrin, je ne veux pas faire mon éloge, mais vous auriez dû me tenir plus cher que vous ne faisiez, car je ne vous ai jamais voulu de mal et je vous ai souvent procuré du bien. Non pas que je m'en repente, mes vertus sont aujourd'hui trop bien récompensées ; et si vous êtes un des grands de la terre, je suis encore mieux placé dans l'autre monde. Je ne vois ici que riches campagnes, belles prairies, plaines riantes, forêts toujours vertes ; ici, de grasses brebis, des chèvres, des agneaux comme on n'en voit pas chez vous ; ici, vingt fois plus de lapins, de lièvres et d'oisons que vous n'en pourriez compter. En un mot, j'ai tout ce que je désire, comme tous ceux qui vivent à peu de distance de moi. Autant de gelines que nous voulons. En voulez-vous la preuve ? Sur le bord de cette ouverture doit s'en trouver une que j'ai jetée comme superflue, en sortant de notre dernier festin. Regardez, vous la trouverez. »

Ysengrin détourne un peu la tête et trouve en effet la geline dont Renart lui parlait. « Il dit ma foi vrai, pensa-t-il ; mais quel bon Paradis que celui où l'on a telle viande à foison ! Je n'en voudrais jamais d'autre. » En même temps il jetait les dents sur la geline et la dévorait sans y rien laisser que les plumes. Puis, revenant au puits : « Feu Renart, dit-il, aie compassion de ton compère ; apprends-moi, par la grâce de Dieu, comment à ton exemple je pourrai gagner Paradis. — Ah ! répond Renart, vous demandez là quelque chose de bien difficile. Voyez-vous, le Paradis, c'est la maison du Ciel, on n'y entre pas quand et comme on veut. Vous conviendrez que vous avez toujours été violent, larron et déloyal. Vous m'avez toujours poursuivi d'injustes soupçons, quand vous aviez une femme remplie de vertus, un vrai modèle de pudicité. — Oui, oui, j'en conviens, dit Ysengrin, mais à cette heure je suis repentant. — Eh bien ! si vous êtes dans les bonnes dispositions que vous dites, regardez les deux vaisseaux qui sont l'un près de vous, l'autre près de moi. Ils servent à peser le bien et le mal des âmes. Quand on se croit en état d'espérer les joies de Paradis, on entre dans la corbeille supérieure, et si l'on est en effet repentant, on descend facilement ; mais on reste en haut si la confession n'a pas été bonne et complète. — Confession ? dit Ysengrin, est-ce que tu as confessé tes péchés ? — Assurément : avant de mourir j'ai vu passer un vieux lièvre et une chèvre barbue, je les ai priés de m'écouter et j'en ai reçu l'absolution. Il faut donc, si vous voulez descendre près de moi, commencer par vous confesser et vous repentir de vos méfaits. — Oh, s'il ne faut que cela, dit Ysengrin fort joyeux, je suis en bon point : hier justement j'ai rencontré sur mon chemin damp Hubert l'épervier, je l'ai appelé, l'ai prié d'entendre ma confession générale et de m'absoudre ; ce qu'il a fait sans hésiter. — S'il en est ainsi, dit Renart, je veux bien prier le roi des cieux de vous ménager une place auprès de moi. — Je t'en prie, compère, et je prends à témoin sainte Appetite que j'ai dit la vérité. — Mettez-vous donc à genoux et demandez à

Dieu qu'il vous accorde l'entrée de son Paradis. »

Ysengrin tourna vers l'Orient son postérieur, et sa tête vers le soleil couchant. Il marmotta, il hurla à rompre les oreilles. « Renart, dit-il ensuite, j'ai fini ma prière. — Et moi j'ai obtenu votre grâce. Entrez dans la corbeille, je pense que vous descendrez facilement. »

On était alors en pleine nuit : le ciel était inondé d'étoiles dont le puits renvoyait la lumière. « Voyez le miracle, Ysengrin, dit alors Renart ; mille chandelles sont allumées autour de moi, signe assuré que Jésus vous a fait pardon. »

Ysengrin rempli de confiance et d'espoir essaie longtemps sans succès ; mais enfin, aidé des conseils de son compère, il parvient à se tenir à la corde avec les pieds de devant, en posant les deux autres dans le seau. La corde alors se dévide et cède au nouveau contrepoids de son corps. Il descend, Renart beaucoup plus léger s'élève dans la même mesure. Voilà pour Ysengrin un nouveau sujet de surprise : au milieu de la route il se sent heurté par Renart. « Où vas-tu, cher compain, dis-moi ? Suis-je dans la bonne voie ? — Oui, vous y êtes et je vous la quitte entière. La coutume est telle ici : quand vient l'un s'en va l'autre. A ton tour, beau compain, à demeurer dans la compagnie des moines aux blancs manteaux. Belle occasion pour toi d'apprendre à mieux chanter. » En prononçant ces derniers mots il touchait au bord du puits ; il saute à pieds joints, sans demander son reste, et ne cesse de courir jusqu'à ce qu'il ait perdu de vue l'abbaye des blancs moines.

La surprise, la honte et la rage ne permirent pas au pauvre Ysengrin d'essayer une réponse. Il eût été de ceux qui furent pris devant la cité d'Alep [1] qu'il n'eût pas été plus confus et plus désespéré. Vainement essaie-t-il de remonter, la corde glisse entre ses bras, et tout ce qu'il peut faire c'est, grâce au seau qui l'a descendu, de conserver la tête au-dessus de l'eau glacée dans laquelle le reste de son corps est plongé.

Ainsi passa toute la nuit, pour lui si longue et si cruelle. Voyons maintenant ce qu'on faisait dans le couvent.

Apparemment les blancs moines avaient trop salé les fèves crevées dont ils avaient soupé la veille, car ils se réveillèrent fort tard. Après avoir ronflé comme des tuyaux d'orgue, ces généreux sergents de Jésus-Christ sortirent enfin de leur lit et demandèrent à boire. Le cuisinier, gardien des provisions, envoya sur-le-champ à la cave et voulut bien aller lui-même au puits accompagné de trois frères et d'un gros âne d'Espagne qu'ils attachèrent à la corde. Le loup eut soin alors de se maintenir sur l'eau. L'âne commence à tirer ; mais il n'a pas assez de toutes ses forces pour soulever le poids que le puits lui oppose. Les frères le

1. Allusion aux combats livrés en 1146 dans la campagne d'Alep, et à la reprise d'Edesse par Noureddin sur Jocelyn de Courtenay. Voyez les historiens des croisades.

L'âne commence à tirer ; mais il n'a pas assez de toutes ses forces pour soulever le poids que le puits lui oppose. Les frères le frappent...

frappent, les coups sont inutiles. Alors un des frères s'avise de regarder au fond du puits ; ô surprise ! il aperçoit les pieds, il reconnaît la tête d'Ysengrin. Il appelle les autres : « Oui ! c'est le loup. »

Ils retournent à la maison, jettent l'alarme au dortoir, au réfectoire. L'abbé saisit une massue, le prieur un candélabre ; il n'y a pas un moine qui n'ait pieu, broche ou bâton. En cet attirail ils reviennent au puits, se mettent tous à la corde, si bien qu'enfin, grâce aux efforts de l'âne et des moines, le seau monte et touche à l'extrémité supérieure du puits. Ysengrin n'avait pas attendu si longtemps ; d'un bond il avait sauté par-dessus la tête des premiers frères ; mais les autres lui ferment le passage : il reçoit une grêle de coups, la massue de l'abbé tombe d'aplomb sur son pauvre Ysengrin ne se défend plus et demeure à terre dos, si bien que, faisant le sacrifice de sa vie, sans mouvement. Déjà le prieur mettait la main au couteau : il allait commencer à découdre sa pelisse noire, quand l'abbé, vénérable personne, le retint : « Que pourrions-nous faire de cette peau ? dit-il, elle est toute déchiquetée, toute couverte de trous. Allons-nous-en et laissons cette charogne. »

Ysengrin ne se plaignit pas du mépris qu'on faisait de sa fourrure, et quand les frères, dociles à la voix du digne abbé, se furent éloignés, il fit un effort, se souleva et parvint lentement à se traîner jusqu'aux premiers buissons qui annonçaient la forêt. C'est là que son fils le retrouve : « Ah ! cher père, qui vous a mis en pareil état ? — Fils, c'est Renart le traître, le félon, le pendart. — Comment ! ce nain roux qui, devant nous, fit honte à ma mère et nous a salis de ses ordures ? — Lui-même, et que le juste ciel me donne le temps de le bien payer ! »

Ce disant, Ysengrin prenait son fils par le cou, et soutenu par lui, parvenait au seuil de sa demeure. Dame Hersent en le revoyant dans cet état cria plus haut que les autres et parut désolée de la mésaventure de son cher époux ; on se mit en quête de bons mires, on les amena, ils s'empressèrent de visiter les plaies, de les laver, d'y appliquer de bons topiques, et de préparer au malade une potion faite des simples les plus rares. Grâce à leur science, le malade recouvra ses forces, il retrouva l'appétit, il put se lever, il put marcher. Mais s'il désirait vivre c'était dans l'espoir que l'occasion se présenterait bientôt de tirer du traître Renart une vengeance complète.

Trentième aventure :

De la nouvelle infortune arrivée à dame Hersent, et de la résolution d'Ysengrin d'aller porter plainte à la cour du roi.

Nous avons vu qu'Ysengrin, à peine guéri de ses gouttes, et relevé de la maladie gagnée dans le puits des blancs moines, avait aussitôt médité sur les moyens d'assurer sa vengeance. Défier son ennemi, lui déclarer une guerre ouverte, c'était courir de grands risques ; car le roi pouvait intervenir, et Renart avait de nombreux amis qu'il engagerait aisément sous sa bannière. Ysengrin jugea donc plus sage de commencer par épier Renart en lui ménageant un guet-apens qui pouvait tout finir, plus vite et plus sûrement pour lui.

Il se fit rendre un compte exact des endroits que Renart visitait d'habitude. A certain jour, il voulait le cerner et le pousser le long d'un mur de clôture, de façon à lui enlever tout moyen de salut. On était au temps de la coupe des pois : les tiges étaient liées et rassemblées sur la voie, et Renart ne manqua pas de les visiter. Ysengrin, dès qu'il le vit approcher, baissa la tête, jeta un cri et courut sur lui. Mais Renart ne marchait jamais sans prévoir quelque danger ; il ne perdit pas le sens, et quand Ysengrin se croyait sûr de le prendre, il était déjà loin, la queue basse et le cou tendu.

Ysengrin et dame Hersent se mettent à le poursuivre : tandis que damp Renart s'esquive par un sentier tortueux et qu'Ysengrin croit l'atteindre en se perdant dans une autre route, dame Hersent, plus attentive aux mouvements de Renart, n'avait pas quitté ses pistes, soit qu'elle voulût l'avertir des dangers qui le menaçaient, soit qu'elle eût à cœur de tirer vengeance elle-même de l'ancienne injure. De son côté, Renart ne se rendait pas bien compte des véritables dispositions de la dame ; au lieu de l'attendre, il éperonna jusqu'à l'ouverture d'une voie creuse qui dépendait de Maupertuis et qui était justement assez grande pour lui donner passage : mais la malheureuse Hersent, plus large des flancs et de la croupe, s'étant élancée après lui, se trouva retenue de façon à ne pouvoir avancer ni reculer d'un pas, la tête et le haut du corps engagés dans cette crevasse rocheuse. Au cri de détresse qu'elle ne put retenir, Renart ressortant du côté opposé accourut vers elle. « Ah ! c'est vous, dame Hersent, lui dit-il d'un ton railleur, c'est bien à vous de venir ainsi trouver les amoureux jusque dans leur logis ! Oui, je le vois, vous vous êtes engagée par le cou, pour avoir le prétexte de rester plus longtemps avec moi. Oh ! demeurez tant qu'il vous plaira : si le compère Ysengrin vous trouve, je ne m'en mêle pas, qu'il en pense ce qu'il voudra. Lui direz-vous encore que vous ne m'aimez pas, que vous ne m'avez jamais accordé de tête-à-tête ? Quant à moi, je vous le déclare ; je dirai tout le contraire, que vous m'aimez cent fois plus que votre mari et que rien ne vous arrête quand vous avez l'espoir de me rencontrer. »

La pauvre Hersent, plus confuse qu'on ne saurait dire, répondait en priant le méchant roux d'avoir compassion d'elle et de la tirer du mauvais pas où elle se trouvait ; Ysengrin arriva comme Renart essayait en effet de lui porter secours. Quelle ne fut pas alors sa rage ! « Ah ! maudit nain ; vous allez payer cher ce dernier outrage. — Lequel, et de quoi parlez-vous ? » répond Renart qui s'était hâté de rentrer au logis et se remontrait par la plus étroite ouverture. « En vérité, sire Ysengrin, vous reconnaissez mal le service que j'allais rendre à votre digne épouse. Ne voyez-vous pas comme elle est prise ? Est-ce ma faute si elle est venue s'y engager ? Cependant au lieu de me remercier de l'aide que je lui portais, vous en paraissez tout en colère. Supposeriez-vous que j'aie voulu frapper dame Hersent ? Je suis prêt à jurer que j'ai fait tout ce qui dépendait de moi pour la dégager. — Toi jurer ! double traître ! mais ta vie n'est qu'un long parjure. Laisse tes mensonges et tes inventions ; j'ai vu, j'ai entendu. Est-ce en l'outrageant de paroles que tu marques ton respect pour elle et pour moi ? — Vous êtes, en vérité, trop fin et trop subtil, sire Ysengrin. Votre femme s'est engagée volontairement dans cette porte ; elle n'en était pas encore sortie, j'en conviens, mais j'allais la délivrer quand vous êtes arrivé. Si je ne me suis pas pressé davantage, c'est que je fus, il n'y a pas longtemps, blessé à la jambe, et que je n'ai pu faire plus grande diligence. Je vous ai dit la vérité ; vous en tomberez d'accord, à moins que vous ne soyez décidé à me faire mauvaise querelle. D'ailleurs, Madame est là ; vous pouvez l'interroger, je suis bien sûr qu'une fois rendue libre elle ne joindra pas sa clameur à la vôtre. Dieu vous garde, sire Ysengrin ! » Cela dit, il rentra la tête dans Maupertuis, ferma la lucarne, et disparut.

Ysengrin n'était pas dupe de ces belles paroles. Il croyait en avoir assez vu, les excuses du coupable étaient, pensait-il, un nouvel outrage. Il vient à sa femme qu'il essaie de délivrer ; il la saisit par les pieds demeurés en dehors, il tire au point de la blesser et de lui arracher de nouveaux cris. Pour comble d'ennui, l'excès de tant d'émotions avait jeté dans les entrailles de la dame un certain désordre, dont le malheureux Ysengrin ressentit les fâcheux effets. Un instant, il se tint à l'écart, puis réunissant ses efforts à ceux de la pauvre dolente, et jouant à qui mieux mieux des mains et des pieds, ils enlevèrent quelques pierres, élargirent un peu la voie, et dame Hersent, le dos et les genoux écorchés, fut tirée de ce maudit piège. Il lui fallut alors essuyer les reproches d'Ysengrin : « Ah ! louve abandonnée, venimeuse couleuvre, serpent infect ! Pourquoi n'avoir pas suivi le même chemin que moi ? Pourquoi ne m'avoir pas averti que je faisais fausse route ? Renart devait vous rencontrer, vous ne sauriez le nier. — Non, sire, je ne l'essaierai pas. Renart est capable de tous les crimes, mais il n'a pas dépendu de moi de le punir comme je l'eusse voulu. Ne parlez pas de tout ce que j'ai entendu, de tout ce que j'ai souffert : l'injure ne sera pas amendée par ce que vous ou moi pourrions dire. Mais à la cour du roi Noble, on tient les plaids et les assises : on connaît de tous les cas de guerre et de querelle ; c'est là que nous devons aller, que nous devons faire notre clameur et demander vengeance. »

Ces paroles, prononcées d'un air douloureusement résigné, furent pour Ysengrin comme un baume salutaire posé sur les plaies de son cœur. « Il se peut, en effet, dit-il, que je vous aie trop accusée ; c'est l'effet de mon peu de réflexion ; j'oubliais les usages et les lois de notre pays. Votre conseil, dame Hersent, me rend à la vie : oui, nous irons porter notre clameur au roi, et malheur à l'affreux nain, s'il vient à comparaître devant la cour de nos pairs ! »

table

Achevé d'imprimer
le 7 septembre 1983
sur les presses de
l'Imprimerie Hérissey
à Evreux (Eure)

N° d'imprimeur : 32800
Dépôt légal : septembre 1983
1er dépôt légal dans la même collection : octobre 1977
ISBN 2-07-033020-6
Imprimé en France

32638